Mo Remèsiman:

Nou ta renmen remèsye chak moun

Ki te kontribye pou nou ekri liv gid sa a.

Nou te bezwen anpil èd pou ke nou te rann liv sa a ka itilize nan nenpòt klas.

DEDIKAS

*Rev. Don Gardner - Koòdonatè estrateji zòn yo
Paske li pat janm sispann enspire lidè Legliz Nazareyen ki nan pati
lès nan Afrik la pou anseye timoun yo sou Jezi!

*Cindy Letsinger ak timoun yo nan Legliz Nazareyen nan zòn
Joplin- Misouri, ETAZINI
pou egzaltasyon yo ak asistans yo nan piblikasyon liv Legliz Mwen An!

*Ste'phane Tibi ak Sant Piblikasyon tout Legliz Nazareyen yo
pou pèmisyon yo pou nou te itilize
Atik ki nan liv Gid Etid sou Lafwa a pou Legliz Nazareyen.

*Doktè Thomas Noble
Seminè Teolojik Nazareyen ak Lekòl Teolojik Nazareyen –
Manntchestè, pou sajès li pou li te patisipe nan preparasyon liv sa a.

** Tout pwofesè nan Lafrik la ki san pran souf bay tan yo, sa yo genyen, ak
Talan yo pou ansenye timoun yo pawòl Bondye e pou moutre yo lanmou Jezi!

*Doktè Theodore Esselstyn
Otè *N'ap swiv Jezi ansanm*; Sant piblikasyon Legliz Nazareyen Afrik
la ekri yon liv katechèz pou manm nan Legliz Nazareyen ki nan tout Lafrik la.

LEGLIZ MWEN AN!

Yon gid pou timoun ka vin manm nan Legliz Nazareyen.

Ekri pa:

Rose Ng'ang'a, Janet Achieng Okinyo, & Sarah Reed

Moun ki fè dizay sou kouvèti ak anndan liv la:

Japheth Opondo Okinyo

Ilistre pa:

Harmon Odhiambo Okinyo - Nairobi, KENYA

Avèk èd kèk timoun ki gen talan nan Legliz Nazareyen

atravè kontinan Lafrik la ak Distri Misouri Joplin– ETAZINI

Moun ki fè desen sou kouvèti a:

Kaden Freeman

Moun ki Korije liv la:

Bethany Cyr

Tradwi pa :

Marc Versil

Pibliye nan lane 2014 pa Ministè Disip yo , Nan rejyon Mezoamerik la avèk aranjman Sant Piblikasyon Legliz Nazareyen ki nan afrik la. Ou pa ka fè kopi li sa a.

Mwen salye Pastè oswa Pwofesè lekol dimanch timoun yo,

Nou kontan ke ou vle ansenye pitit ou a sa sa vle di yon manm nan Legliz Nazareyen!
Sa a se zouti ke ou te vle genyen an! Pastè nou yo te anseye li nan klas granmoun yo
e pi timoun nou yo konn neglije li.

Sa Fini!

LEGLIZ MWEN AN! Fèt Pou ansenye yon timoun / gwoup timoun nan kè kontan e
pa sesyon. Lè yon moun manm legliz Nazareyen li viv ak lajwa e pasyon.
Ansenye leson sa yo ak sa nan tèt yo !

Nazareyen! Nazareyen!

Mwen swete vini yon bon manm legliz Nazareyen!!!

Nazareyen! Nazareyen!

Jézi se te premye manm legliz Nazareyen!

Lè manm legliz Nazareyen ap priye

Grenn verite ki genyen sè ke Bondye ap tande.

Lè manm legliz Nazareyen yo sen,

Yo renmen youn lot menm jan yo renmen Bondye a!

Nazareyen! Nazareyen!

Mwen kontan paske mwen se. . . YON MANM LEGLIZ NAZAREYEN!

Ekri pa Hannah Reed
11 lane
Santral Legliz Nazareyen Nairobi, Kenya

Pran plezi ak jenn Nazareyen ou!

Janet, Rose, & Sarah

TABLO KI REZIME CHAPIT YO

Entrodiksyon

Legliz Nazareyen te bliye youn nan pi gran sekrè nan kwasans legliz lan pou tout tan ki se timoun nou. 😔 Edisyon 2013-2017 Livrè pou Legliz Nazareyen Seksyon 107 eta yo. . . .

107. Ranpli ak leson manm. Livrè ki ranpli ak leson manm pou legliz lokal nou yo dwe nan men moun ki pale ak otorite sa yo, e aprè yo fin deklare ke yo jwenn Sali yo, kwayans yo nan doktrin Legliz Nazareyen an, ak dezi pou yo antre nan gouvènman an resevwa livrè a piblikman. E moun k'ap dirije legliz lokal yo dwe mete manm sa a nan yon tanp avèk anpil swen e sipò. (23, 30.4, 107.2, 111, 113.1, 515.1, 519, 530.8, 536.8-536.9)

107.1. Lè yon moun gen dezi manm nan legliz la, pastè a dwe esplike li privilèj ak responsabilite manm nan nan legliz la, Atik sou Lafwa yo, kalite ke yon kretyen dwe genyen ak kondwit yon kretyen, epi objektif ak misyon legliz Nazareyen an. Aprè evanjelis la ak komite legliz la fin konsilte moun yo, pastè a ap ka resevwa nouvo manm legliz la piblikman pandan l'ap itilize atik ki fèt pou pwononse pou nouvo manm yo. (801). (21, 28-34, 110-110.4, 225)

Timoun yo ka vini manm legliz Nazareyen! Legliz mwen an! Fèt pou li itilize tankou yon zouti pou pwofesè ansenye timoun yo kisa sa vle di lè yon moun manm Legliz Nazareyen.

Pwofesè:

- Priye pou elèv ou a (ou yo).

- Ansenye yo nan kè kontan, e yon fason pou yo komprann byen.

- Priye pou ke leson yo fè efè nan konesans chak timoun ak kè chak timoun pou ke yo vin yon pi bon moun.

- Chache genyen materyèl ke leson yo mande yo, e itilize materyèl ki valab nan antouraj Ou tou.

- Ankouraje timoun ou yo pou desine imaj ki nan liv la.

Ansanm nap mete men pou nou gen plis manm nan legliz la!

1

ARTICLES DE FOI

Eglise du Nazaréen
Articles de foi

La Trinité — 1

2 — Jésus Christ

3 — Le Saint Esprit

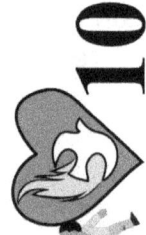

Saintes Écritures — 4

Péché, originel et personnel — 5

Expiation — 6

La grâce prévenante — 7

Repentance — 8

9 — Justification, régénération et adoption

10 — Entière Sanctification

11 — L'Église

12 — Baptême

13 — La Sainte Cène

14 — Guérison divine

15 — Seconde venue de Christ

16 — Résurrection, jugement et destinée

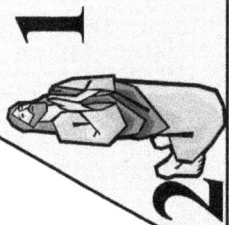

Nou jwenn dwa itilize li pa pèmisyon Stéphane Tibi.

LESON 1 - Legliz Nazareyen Mwen An

OBJEKTIF LESON AN

Aprè leson an timoun yo dwe ka reponn kesyon sa yo:

Kisa legliz Nazareyen ye?

Nan kisa manm legliz Nazareyen yo kwè?

Kisa manm legliz Nazareyen yo fè?

MATERYÈL NOU AP BEZWEN

Yon Bib

Livrè Legliz Nazareyen An

Kèk Fèy Papye

PRATIK SOU LESON AN

Dram-

Pwofesè k'ap ansenye timoun yo: Ekri tout lis objektif leson an anlè fèy papye yo. Distribye papye yo bay plizyè timoun diferan pou yo ka li, youn aprè lòt, tankou se zanmi Ana yo ak kamarad Ana yo te ye. Pwofesè a dwe pretann ke li se Ana - pandan ke li kontan reponn kesyon timoun yo.

Pwofesè, ou lib pou itilize pwòp mo pa w' pandan ke w'ap jwe wòl Ana a.

LESON 1

LEGLIZ NAZAREYEN MWEN AN

Yon fwa te gen yon tifi 11 lane ki te rele Ana. Menm jan avèk anpil tifi nan laj li , Ana te renmen chante, priye Jezi, e li Bib li. Li te trè aktif nan Legliz Nazareyen Li a. Lè Ana lekòl, Li toujou ap pale de jan li te renmen legliz li a; paske se la li Te gen anpil zanmi e li te renmen pwofesè kap ansenye lekòl dominikal yo.

Nan lekòl dominikal Ana te aprann anpil istwa Biblik. Li tap debat istwa yo avèk Pwofèse epi zanmi li yo ki legliz la. Ana te renmen pataje leson biblik li te aprann yo avèk fanmi li, zanmi lekòl li yo, e menm avèk etranje li ta rankontre. Li te vrèman Kontan! Ana te renmen asiste sèvis adorasyon nan legliz li a, klas lekòl dominikal Li, oubyen nenpòt lòt aktivite k'ap fèt legliz la. Ana tap di moun yo ke li te rankontre ak Jezi epi li te envite yo pou yo vini Legliz Nazareyen li a.

Yon jou pandan kou etid sosyal li lekòl la, pwofesè a te envite Ana pou li pataje rezon ki fè li te toujou ap pale de legliz li a, de pwofesè lekòl dominikal li yo, de pastè li, e de zanmi li genyen la ba a. Ana te vrèman kontan jwenn chans pou pale zanmi li yo ak kamarad li yo pou li di yo kiyès Nazareyen yo ye e nan kisa yo kwè.

TIMOUN #1: Kisa Legliz Nazareyen ye?

ANA: Legliz Nazareyen se yon pil moun ki fè yon fanmi ki kwè nan Jezi Kris ki mete tèt ansanm Pou adore epi sèvi Bondye. Manm fanmi Legliz Nazareyen vle sanble plis ak Jezi epi viv Jan li vle. "Legliz" la pa sèlman yon gwo kay, men li se yon FANMI tou!

LEGLIZ
NAZAREYEN

TIMOUN #2: Nan kisa manm Legliz Nazareyen yo kwè?

ANA: Nou menm manm Legliz Nazareyen nou ap swiv Bib la tankou gid nou, nan objektif pou nou viv yon vi ki sen chak jou, pa sèlman jou dimanch yo. Nou ap swiv tou yon Livrè ki fèt pou Legliz Nazareyen.

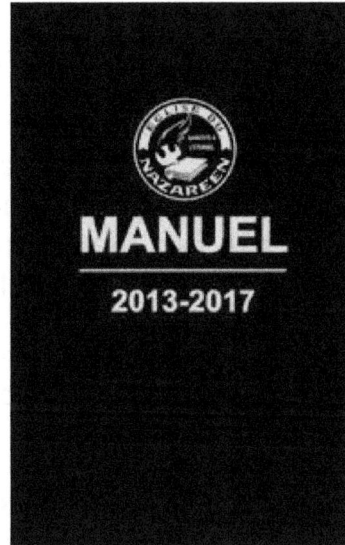

Livrè a se konstitisyon pou Legliz Nazareyen. Ladan l', Nou jwenn kwayans nou, fason Pou nou òganize legliz nou, e li ede nou pou nou fè sa ki byen e pou nou viv yon vi sen. Livrè nou an rakonte nou yon brèf istwa sou legliz nou an tou. Ki pral pèmèt nou aprann Plis de kwayans nou pita.

TIMOUN #3: Ki kèk bagay manm Legliz Nazareyen yo fè?

ANA: Ebyen, Banm di w' – Nou menm manm Legliz Nazareyen, Nou fè anpil bon bagay. Kite m' eseye di w' kèk nan yo.

- Nou se zanmi Bondye

- Nou rete lwen tout bagay ki soti nan dyab.

- Nou renmen louwe e adore Bondye

- Nou etidye bib nou.

- Nou renmen rankontre youn ak lòt.

- Nou asiste sèvis adorasyon e lòt aktivite nan legliz nou.

- Nou reponn ak bezwen legliz la avèk talan nou yo, don nou yo, e lajan nou tou.

- Nou renmen pastè nou e nou priye pou li tou.

Nou menm manm Legliz Nazareyen se yon fanmi kwayan ki ini. Nou tout travay di pou. Nou fè byen youn pou lòt e montre lòt moun lanmou Jezi Kris.

Sèvis adorasyon nou yo vrèman enteresan ! Nenpòt moun ka vini! Vini wè ak 2 je w'. Nou chante, Nou priye youn pou lòt,e nou ede youn lòt pou rive jwenn Bondye pi plis Toujou. Kèk fwa nou renmen mete ajenou devan chè a pou nou priye Bondye. Nou rele sa « Priyè sou lotèl ».

Nou kontan bay dis pousan nan sa Bondye ba nou a li menm ankò ; li ka lajan oubyen ble,Oubyen nenpòt lòt bagay. Nou rele sa « Dim ». Bondye bon pou nou anpil; se sak pi piti nou ka fè pou li !

Tout sa nou genyen se pou li, li se kreyatè nou. Nou moutre nou rekonesan avèk aksyon de gras nou pandan n'ap bay ak legliz nou dis pousan nan tout sa Bondye Beni nou . Men kèk bagay ke manm Legliz Nazareyen pratike.

Premyeman – Manm Legliz Nazareyen kwè nan SENTETE! Nou kwè, ak pouvwa Bondye, moun ka viv yon vi ki sen, libere de tout bagay ki mal.

Dezyèmman- Manm Legliz Nazareyen kwè nan MISYON! Nou menm manm Legliz Nazareyen vle pataje lanmou Jezi Kri a ak zanmi nou yo e tout moun nan mond lan. Nou envite zanmi nou legliz pou nou ka pale yo de Jezi e yo kontinye pataje li ak lòt moun, sa fè Legliz Nazareyen an grandi.

Twazyèmman- Manm Legliz Nazareyen yo konnen ke li empòtan pou yon kretyen EDIKE ! Nou gen lekòl Nazareyen, Lekòl Biblik, ak Inivèsite. Menm mwen menm, Mwen gen plan pou mwen ale nan yon inivèsite Nazareyen!

MANM LEGIZ NAZAREYEN KWE NAN . . . Sentete, Misyon ak Edikasyon.

Nou wè ki rezon ki fè mwen renmen bèl Legliz Nazareyen mwen an! Ou konnen, Nou pote non Sa a pa rapò a non Jezi nonm Nazarèt la. Matye 2 :23 refere nou ak Jezi konsa...

Li vini rete nan yon vil yo rele Nazarèt. Se konsa pawòl pwofèt yo te di a rive vre : « ya rele l' Moun Nazarèt ».

Nou vle tankou Jezi Kri, Nonm ki te soti lavil Nazarèt la.

Se pou tèt sa nou rele tèt nou Nazareyen. Nou ka chante avèk mwen?

NAZAREYEN! (Plap Plap) NAZAREYEN! (Plap Plap)

MWEN SWETE VINI YON BON MANM LEGLIZ NAZAREYEN!!!

NAZAREYEN! (Plap Plap) NAZAREYEN! (Plap Plap)

JEZI SE TE PREMYE MANM LEGLIZ NAZAREYEN!

LÈ MANM LEGLIZ NAZAREYEN AP PRIYE

GRENN VERITE KI GENYEN SÈ KE BONDYE AP TANDE.

LÈ MANM LEGLIZ NAZAREYEN YO SEN,

YO RENMEN YOUN LÒT MENM JAN YO RENMEN BONDYE A!

NAZAREYEN! (Plap Plap) NAZAREYEN! (Plap Plap)

MWEN KONTAN PASKE MWEN SE. . . YON MANM LEGLIZ NAZAREYEN!!!

LESON 2 - Bondye

<u>OBJEKTIF LESON AN</u>

Timoun yo dwe konprann Trinite Bondye a: Papa a, Pitit la ak Lespri Sen an

1. Nou kwè nan yon sèl Bondye

2. Nou kwè nan Jezi

3. Nou kwè nan Lespri sen an

<u>MATERYÈL NOU AP BEZWEN</u>

-Yon Bib

-Pwofesè a dwe mete yon rad tradisyonèl oubyen yon Chapo,yon fason pou li ka pretann ke li se ti gason ki rele Diego a

-Kèk sòt de bagay ki ka sekwe oubyen frape pou Diego ka jwe nan chante ki nan leson an

-Yon bannann, yon ze bouyi, yon mango oubyen nenpòt lòt fwi ki gen 3 pati.

-Fwi pou ka fè timoun yo sipriz nan fen leson an, lè w'ap ansenye yo sou fwi Lespri sen an

<u>PRATIK SOU LESON AN</u>

Dram –

Pwofesè k'ap ansenye timoun yo: Si lokal w ye a laj, deplase ak timoun yo ale nan yon lòt plas pou dram sa a ka fèt, tankou anba yon pye bwa eks… Pwofesè a dwe abiye e pretann ke li se Diego. E pou li kontan ankò pale de legliz Nazareyen. Ou lib pou w itilize pwòp mo pa ou nan pati Diego a.

LESON 2

BONDYE

Ana pran kamarad li yo, li Mennen yo anba yon pyebwa pou li prezante yo zanmi li, Diego. Diego se yon nèg ki gen kouraj, yon ti nèg ki gen 12 lane e k'ap viv nan yon zòn elwanye. Li asiste Leson manm nan Legliz Nazareyen ak fanmi li epi zanmi li yo. Diego ak Ana pase anpil tan ansanm ap pale de Legliz Nazareyen e diferan bagay ki ap rive nan legliz yo a ; tankou jou moun egzèse talan yo, jou amizman e moman je biblik yo.

Diego renmen jwe enstriman mizik pandan moman sèvis adorasyon yo. Li renmen tande lè pastè li a ap pale de Bondye, aprann istwa biblik, epi tande gwo bagay ke Bondye ap fè nan lavi moun yo. Tout bagay sa yo fèt nan Legliz Nazareyen yo.

SOFÍA: Diego, Ana te pale nou anpil de gran Legliz Nazareyen an.

DIEGO: Wi! Kisa li te di w'?

TIMOUN 1: Li te di nou Legliz Nazareyen an se yon gran fanmi ki renmen youn lòt e rasanble ansanm pou adore Bondye.

TIMOUN 2: Legliz Nazareyen gen yon Livrè ki ede yo òganize legliz yo.

TIMOUN 3: Li te di nou manm legliz Nazareyen se zanmi Bondye. Yo etidye bib yo e mande Bondye pou mete yo apa nan mond sa a yon fason pou yo viv yon vi ki SEN.

TIMOUN 4: Nazareyen yo konnen ke edikasyon yon kretyen enpòtan.

TIMOUN 5: Nazareyen yo kwè nan MISYON- simaye LANMOU Bondye tout kote yo kapab.

TIMOUN YO: WI! WI! WI! Li te di nou tout bagay sa yo!

DIEGO: Tout sa Ana te di nou yo se verite ! E menm gen plis toujou.

Si nou tounen nan baz yo:

#1 - Nou menm manm Legliz Nazareyen, kwè nan yon sèl Bondye!

1. Genyen yon sèl Bondye

Tande pèp izrayèl:Senyè papa nou an, se yon sèl SENYE. Deteronòm 6:4

2. Yon Bondye ki divize an twa!!! TRINITE!

- PAPA

- PITIT (Jezi Kri)

- LESPRI SEN

Yo tou lè twa ansanm se yon sèl Bondye ni se pa pwofèt oubyen zanj k'ap ede Bondye. Sa se yon mistè, men se laverite! Menm jan yon ze gen po, pati blan an ak nannan ze A; tou lè twa diferan, men se tou lè twa ki fè yon grenn ze! Se menm bagay la pou Bondye.

Ou ka panse ak yon lòt egzamp? Tankou Mango, zaboka, Litchi, eks.

PWOFESÈ A – Pote youn nan fwi sa yo: po a, anndan an ak nannan an nan klas la pou timoun yo ka ouvri pou yo wè twa pati ki ladan l' lan.

3. Bondye PA gen limit. Pa gen anyen ke li paka konnen! Pa gen anyen ke li paka fè!!!

(Fè aksyon & sekwe oubyen frape enstriman yo, Diego dwe ansenye timoun yo chante sa a)

BONDYE M NAN SI GRAN; SI FÒ E SI PWISAN

PA GEN ANYEN LI PA KA FÈ ! (POU OU!) 2X

MONTAY YO SE POU LI

RIVYE YO SE POU LI

ETWAL YO SE ZÈV LI TOU

BONDYE M NAN SI GRAN; SI FÒ E SI PWISAN

PA GEN ANYEN LI PA KA FÈ ! (POU OU!) 2X

Moun ki ekri chan an se Ruth Harms Calkin

DIEGO: Bondye te kreye mond lan ak tout sa ki ladanl. Ann nou chante yon lòt chan:

LI GEN TOUT MOND LAN NAN MEN LI

LI GEN TOUT MOND LAN NAN MEN LI

LI GEN TOUT MOND LAN NAN MEN LI

LI GEN TOUT MOND LAN NAN MEN LI

LI GEN SOLEY LA AK ETWAL YO NAN MEN LI (3fwa)

LI GEN TOUT MOND LAN MEN LI

LI GEN TOUT MOUN KI LA A NAN MEN LI (3fwa)

LI GEN LEGLIZ NAZAREYEN NAN MEN LI (3fwa)

Moun ki ekri chan an: yon enkoni

DIEGO: #2 - Nou kwè nan Jezi kris! Jezi kris, (Ki se Bondye) te pran fòm moun pou li te ka zanmi avèk nou. Ti Jezi te fèt nan yon pak bèt.

PWOFESÈ: Li ansanm Jan 3:16:

"Bondye si tèlman renmen lèzòm, li bay sèl grenn pitit li a sou lakwa pou nou, konsa tout moun ki pa kwè nan li va peri e sa ki kwè yo va gen lavi etènèl."

Vèsè a esplike lavi Jezi Kris–Bondye a.

Jezi kris te viv sou tè a san li pat fè peche. Lè yo te fin krisifye l', Jezi te moute nan syèl e li te voye Lespri Sen pou nou sou tè a. E kounya li nan syèl la ap prepare yon plas pou ou ak pou mwen.

Chante avèk pwòp melodi pa w'

LAKAY PAPA MWEN, GEN ANPIL KAY.

LAKAY PAPA MWEN, GEN ANPIL CHANM.

SI SE PAT VRE, MWEN PA TAP DI NOU SA!

MWEN PRALE PREPARE YON PLAS POU OU !

MWEN ALE (eko)

PREPARE (eko)

E MWEN GEN POU M' RETOUNEN (eko)

POU W' (eko). X2 (Jan 14:2)

CHAN SA A EKRI PA YON: ENKONI

DIEGO: #3 - Nou kwè nan Lespri Sen an! Lè nou chwazi bay Bondye lavi nou, Lespri Sen an, youn nan Bondye a, deside antre nan kè nou- pou kondui nou e gide nou.

Eske ou pa janm fè yon bagay mal epi aprè ou pa santi w' byen ? Sa se Lespri ki ap pale avèw.

Ide Amizan –

DIEGO: Mwen gen yon kado pou nou timoun yo

PWOFESÈ A: Bay timoun yo fwi yo. Di yo ke lè Lespri Sen an ap viv nan ou, kè ou ap ranpli ak fwi sa yo ki soti nan Lespri Sen an ; Lanmou, Lajwa, lapè, Pasyans, Sajès, Bonte, Kwayans, Jantiyès, ak Kontròl tèt ou. (Galat 5:22- 23)

DIEGO: Annou Chante- FWI KI SOTI NAN LESPRI SEN AN SE......; Lanmou, Lajwa, lapè, Pasyans, Sajès, Bonte, Kwayans, Jantiyès, ak Kontròl tèt ou.

DIEGO: Annou tout repete ansanm:

Nou kwè nan . . .

1- Bondye papa a

2- Jezi Kris

3- Lespri Sen

12

PWOFESÈ: Revize sa Diego ap ansenye timoun yo pandan ke w'ap mande timoun yo pou yo ranpli espas vid ki sou kote imaj yo avèk twa premye non ki nan atik sou lafwa a: Pou Legliz Nazareyen.

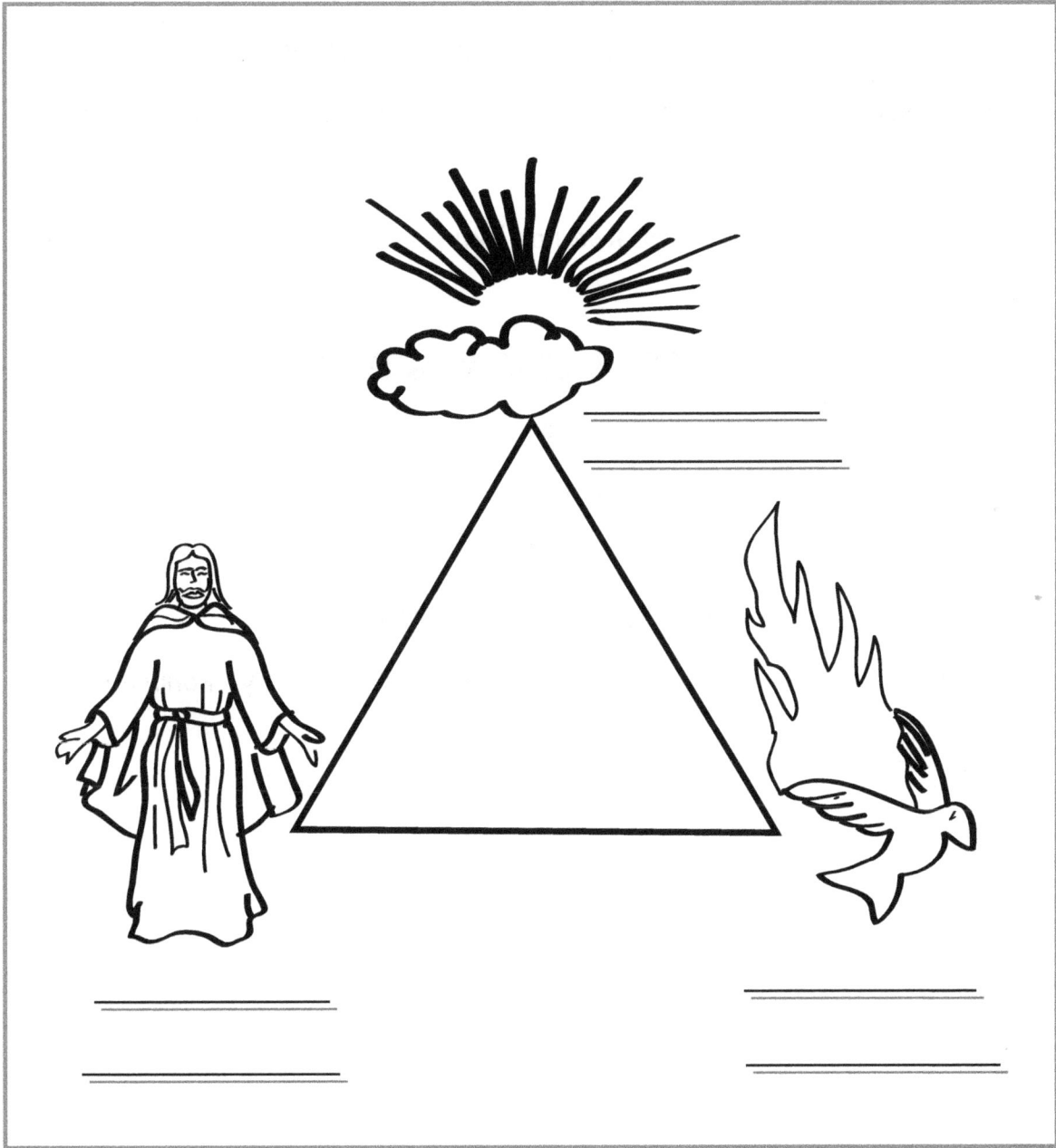

Prepare Pa Japheth Opondo Okinyo
Santral Legliz Nazareyen
Nairobi, KENYA

LESON 3 - Bib Mwen

OBJEKTIF LESON AN

Timoun yo dwe konnen enpòtans Bib yo a

Aprè leson an timoun yo dwe jwenn plis kouraj pou yo gen dezi li Bib yo

#4 Nou kwè nan Ekriti a ki sen

MATERYEL NOU AP BEZWEN

-yon Bib

-plim/kreyon

PRATIK SOU LESON AN

Ansenye yo Atik #4 la nan kè kontan e yon fason pou yo konprann ou

LESON 3

BIB MWEN

Ana envite tout zanmi li yo nan legliz Nazareyen li a e li kòmanse ansenye yo chan sou B-I-B la. Timoun yo rejwenn li nan chante a...

B-I-B L-A	*B-I-B L-A*
SA SE LIV PA MWEN	*SA SE LIV PA MWEN*
MWEN KANPE SOU	*MWEN LI BIB MWEN CHAK JOU*
PAWOL BONDYE A	*B-I-B L-A*
B-I-B L-A	***BIB!***

SOFÍA: Sa se yon Bib Grann mwen te ban mwen! Kisa ki espesyal Bib la gen ladan li?

DIEGO: Bib la se yon liv ki sen ki di nou sa Bondye vle de nou e kòman nou dwe mache avèk li. Li moutre nou kòman Bondye renmen nou.

Bib nou an se Bib Bondye te ba nou yon fason pou nou ka viv yon vi ki sen!!! (Diego moutre timoun yo Bib li a e ankouraje yo pou yo toujou pote Bib yo Chak Dimanch legliz la.)

CHANTE avèk mouvman:

Bib la se yon liv ki sen	*Bib la se yon liv ki sen*
Li gen pawòl Bondye ladan l'	*Li gen pawòl Bondye ladan l'*
M'ap sere l' yon kote ki espesyal	*M'ap sere l' yon kote ki espesyal*
E sèvi avèl avèk anpil swen	*E sèvi avèl avèk anpil swen.*

Prepare pa Stella B. Daleburn

DIEGO: MWEN KONTAN PASKE MWEN SE YON MANM LEGLIZ NAZAREYEN!!!
Annou re-chante Chan Legliz Nazareyen an ankò.

NAZAREYEN! (PLAP PLAP) NAZAREYEN! (PLAP PLAP)

MWEN SWETE VINI YON BON MANM LEGLIZ NAZAREYEN!!!

NAZAREYEN! (PLAP PLAP) NAZAREYEN! (PLAP PLAP)

JEZI SE TE PREMYE MANM LEGLIZ NAZAREYEN!

LE MANM LEGLIZ NAZAREYEN AP PRIYE

GRENN VERITE KI GENYEN SÈ KE BONDYE AP TANDE.

LÈ MANM LEGLIZ NAZAREYEN YO SEN,

YO RENMEN YOUN LOT MENM JAN YO RENMEN BONDYE A!

Sèl bagay, se pou nou rekonèt se Kris la ki Senyè nou nan kè nou, se pou nou toujou pare pou nou defann tèt nou chak fwa yon moun mande nou sou lafwa ki gen nan kè nou.

1 Pyè 3:15

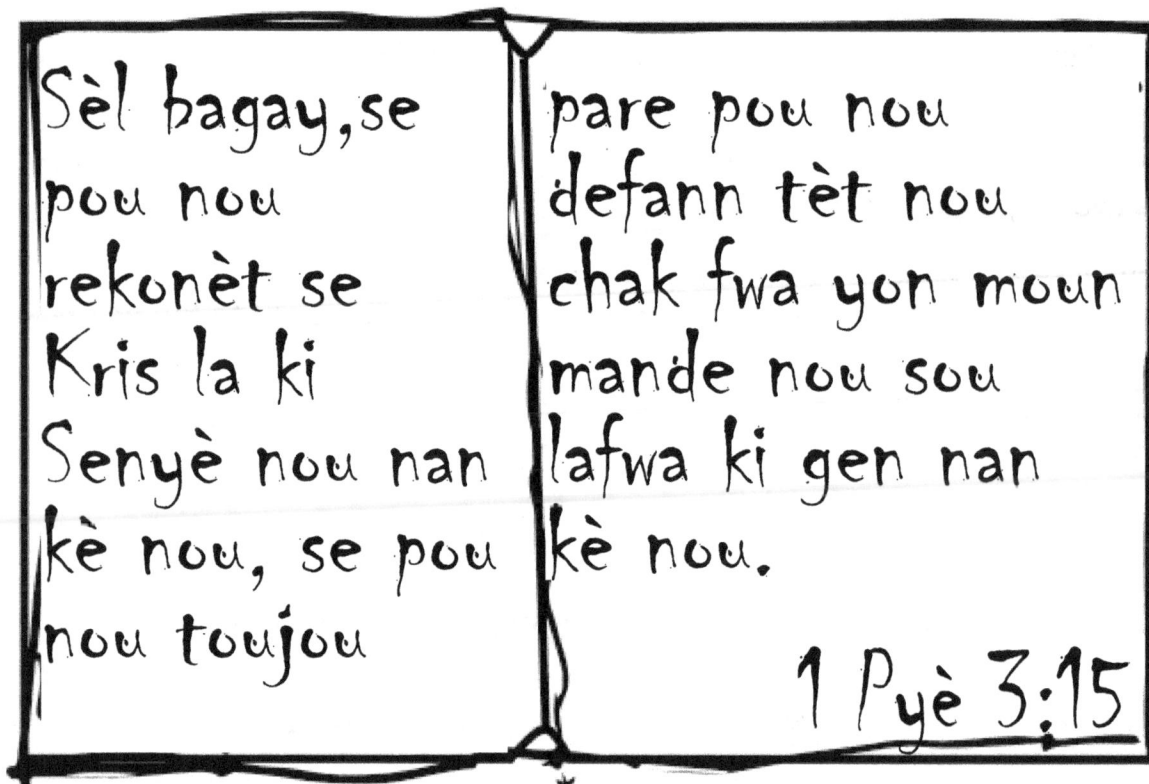

Prepare pa Abby George, 9 Lane
Legliz Nazareyen Monett
Missouri, ETAZIN

PWOFESÈ: Diskite avèk yon timoun/ oubyen plizyè timoun de Bib la pandan y'ap plase mo ki kòrèk la nan kòlòn ki mache avèk li a nan paj ki aprè a.

-Pawòl Bondye

-Sen-maji

-Bòkò

-Verite

-Maji ki fè djab la rete lwen

-Ansyen Kontra ak Nouvo Kontra

-Liv istwa

-Pale de fiti

-Yon pil konprime vitamin spirityèl

-Yon liv mwen dwe etidye

-Yon liv ke Lespri Sen an ede m' konprann

-Yon liv ke nou dwe dezobeyi

BIB LA SE.......	BIB LA PA.........

Al regade Atik sou Lafwa #1 pou rive nan #4 la pou kont ou

PWOFESÈ A: Ey, Eske chak timoun gen yon Bib ki rele li pa l'? Mande pou ka konnen. Travay avèk pastè ou a pou wè kòman nou ka fè chak timoun genyen yon Bib pèsonèl.

Chante chan ki sou B-I-B la avèk timoun yo, yon fason pou timoun yo ka plis entèrese ak Bib yo a (ki se Ekriti ki Sen).

LESON 4 - Sali Mwen

OBJEKTIF LESON AN

Timoun yo dwe konnen depi yo aksepte Jezi Kri nan vi yo y'ap ka sove.

#5 Nou kwè nan peche

#6 Nou kwè nan reparasyon

#7 Nou kwè nan gras

#8 Nou kwè nan repantans

#9 Nou kwè nan Jistifikasyon, Rejenerasyon ak Adopsyon

MATERYÈL NOU AP BEZWEN

- Bib

PRATIK SOU LESON AN

PWOFESÈ: Chwazi kat elèv pou jwe wòl Juan, Diego, Ana ak Sofia nan leson sa a. Yo dwe se timoun ki asiste twa premye leson ki sot pase yo e yo dwe se timoun ki eveye nan klas l.

LESON 4

SALI MWEN

Sofía vini nan group la tris e san kontantman diferan de jan li konn ye deja. Zanmi l' Ana wè sa e li mande Sofia eske li byen ...Sofia souke tèt li , yon siy ki vle di ke tout bagay pa fin byen pou li,e li di Ana kisa ki fè li tris la....

SOFÍA: Ana! Manman mwen di m' ke mwen dwe viv byen avèk frè mwen an e si mwen dezobeyi, l'ap pini mwen.

Mwen te fache anpil avèk ti frè mwen an paske l'ap plede pran kaye lekòl mwen yo. Mwen frape l'. Paske mwen dezobeyi a, Manman m' ta pral bat mwen anpil. Men, Sè mwen an vini epi li pran baton an pou mwen.

ANA: Sofia! Sa ou fè a rele peche e pawòl Bondye di ke nou dwe renmen youn lòt e nou dwe janti.

SOFÍA: Kisa PECHE ye?

ANA: Peche se dezobeyi pawòl Bondye-Bib la, Nazareyen yo kwè nan de tip peche:

- Peche orijinèl- lè Adan ak Ev te peche, Yo te entrodwi peche nan mond la e gate mond lan.

- Peche pèsonèl – Lè w' konnen sa pa bon men ou fè li kanmèm.

Si ou fè peche, ou bezwen mande Bondye padon (Repantans) pou sa ki mal ou fè a e mande Bondye pou li chanje kè ou.

SOFÍA: Eske se sa Jezi fè pou nou pou ke nou ka ale nan syèl?

ANA: Wi! Bondye renmen nou anpil menm malgre nou te pechè Kris te pran pinisyon pou nou sou lakwa. (Reparasyon)

> "Kris la pa t' janm fè okenn peche, men Bondye fè l' pran sò nou sou li, yo trete l' tankou yon moun ki fè peche. Konsa, lè nou fè yon sèl kò ak Kris la, Bondye fè nou gras." (2 Korint 5:21)

JUAN (youn nan kamarad Ana yo): Mwen kontan pou mwen aprann de Ana ak Diego sou legliz Nazareyen! Mwen vrèman vle aprann plis nan men yo toujou. Mwen ka pataje yon bagay mwen te aprann nan etid sosyal mwen lekòl la. Nou gen yon bon Pwofesè e mwen renmen jan li trete nou an. Ban mwen di nou yon ti kras de yon leson amizan ke mwen te aprann e mwen renmen li anpil, se sou SALI.

Sali vle di:

*Delivre de pinisyon move aksyon mwen yo e vye panse djab yo.

*jwenn padon pou peche mwen yo

*aksepte Jezi e viv fason ke li vle a

Bondye desann e li retire nou nan vi peche ke nou ap Mennen pou fè nou viv fason ke li vle a.

ANA: Se verite -

Bib la di mwen kòman pou mwen viv e si mwen dezobeyi, mwen ap pini. Jezi volontèman pran pinisyon an nan plas mwen malgre mwen merite pini. Jezi pran pinisyon mwen an (GRAS). Li sove mwen de pinisyon mwen an.

Bondye pa pèmèt pyès move aksyon nan syèl kote li ye a. Pinisyon mwen an tap anpeche mwen ale nan syèl.

Li te padone mwen e fè mwen vin tankou moun ki pat janm peche (Jistifikasyon).

JUAN: Mwen tap kontan wè tout mond la chwazi kwè nan Jezi e obeyi li!

ANA: Kiyès ki ta renmen Jezi antre nan kè li?

Kiyès ki ta renmen jwenn padon pou tout move bagay li te konn fè yo?

Si ta gen yon moun jodia, itilize mo pa ou, fè priyè sa a:

CHE JEZI,

MWEN VRÈMAN REGRÈT POU TOUT MOVE BAGAY MWEN TE FÈ YO, MWEN VRÈMAN REGRÈT POU PECHE MWEN YO ; MWEN TE BLESE W', MWEN TE BLESE LÒT MOUN E MWEN TE BLESE TET MWEN TOU AVEK PECHE MWEN YO. TANPRI PADONE MWEN. MWEN PA VLE FE PECHE ANKO ! PAPA, MWEN VLE OU PRAN KONTWOL VI MWEN! NETWAYE KE MWEN. ITILIZE MWEN POU SEVIS OU- FASON OU KONNEN KI AP PI BON AN! JEZI, MWEN SE POU OU!

Si ou t'ap fè priyè sa a nan kè ou, ou refèt pou yon dezyèm fwa (Rejenerasyon)

PWOFESE: Si gen nan elèv ou yo ki vrèman fè priyè sa a jodia:

FÈ FÈT POU SA!!!

KOUNYA YO VINI PITIT BONDYE ! (ADOPSYON)

DI PARAN YO SA!

DI PASTÈ OU A SA!

FÈ YO BAY TEMWANYAJ NAN LEGLIZ LA!

EDE YO POU YO JWENN YON BIB POU YO KA ETIDYE!

MONTRE YO KOMAN POU YO KONDWI YO ANTANKE KRETYEN!

SA SE YON GRAN JOU!

LESON 5 - Sanktifikasyon mwen

<u>OBJEKTIF LESON AN</u>

Timoun dwe aprann de Sanktifikasyon e konnen kisa sa vle di viv apa.

#10 Nou kwè nan sanktifikasyon a sanpousan

<u>MATERYÈL NOU AP BEZWEN</u>

-yon Bib

-Yon rad nwa pou nou reprezante peche a

<u>PRATIK SOU LESON AN</u>

PWOFESÈ A: Revize leson 4 la ak timoun yo sou Sali a pou ke ou fè si ke yo konprann li .

Manm legliz Nazareyen konnnen ke Sali pa soti nan bon bagay ke nou fè, oubyen lè ou aprann pou ke ou vin manm, oubyen lè ou batize, men w jwenn Sali a se lè ou aksepte Jezi e viv fason ke li vle a.

LESON 5

SANKTIFIKASYON MWEN

Aprè yo fin aksepte Jezi kòm sovè pèsonèl yo, timoun yo entèrese plis pou aprann de Legliz Nazareyen nan men Ana ak Diego.

Ana, kontan ampil pou zanmi li yo ki resevwa Sali a e ki vin kretyen, li envite yo pou yo vini legliz li a.

ANA: Ey, Kounya nou sot mande Jezi pou li sove nou de peche nou yo e nou vin kretyen, Kòman nou ta renmen ale legliz avè m Dimanch ? Nou menm kretyen Nou dwe reyini ansanm lè nou ap adore Bondye.

TIMOUN YO: Wi, se t'ap vrèman bon. Nou ta renmen wè sèvis legliz ou e fè yon sèl ak lòt yo ki kwè nan Jezi Kri a.

DIEGO: Mwen ka vini tou? Mwen ta renmen vizite tou e salye legliz ou a sou non Legliz Nazareyen mwen an.

Nan Dimanch tout timoun yo, plis Diego, te kontre ak Ana e t'ap mache avèk li pou yo te ale legliz la. Tout moun te kontan !

Nan Legliz Nazareyen Ana a, timoun pat ka kwè ke moun yo zanmi youn ak lòt konsa. Yo te kontre ak pastè a , kèk lòt manm nan legliz la, anpil timoun, e manm koral legliz la.

Finalman, Yo kontre ak Pwofesè lekol dominikal Ana a, Pwofesè Lucia.

PWOFESÈ LUCIA: Byenvini, byenvini timoun yo! Mwen kontan nou vini jodia. Jezi renmen nou anpil e lap souri pou desizyon nou fè nan lavi nou an. Mwen konnen ke n'ap santi nou alèz rapid e jwenn anpil byenvini nan Legliz Nazareyen nou an. Ana di mwen ke plizyè nan nou te mande Jezi pou li rantre nan vi nou e sove nou de peche nou yo.

SOFIA: Wi, nou te fè sa. Nou vrèman kontan paske nou vin kretyen. Nou renmen Bondye anpil ! Nou konnen ke nou gen yon gwo travay nan men nou pou ke nou aprann kiyès yon kretyen ye e vin yon manm Legliz Nazareyen.

PWOFESÈ LUCIA: Wi, nou gen yon gwo travay vrèman. N'ap mache avèk nou e ansenye nou tout sa nou kapab (Pwofesè Lucia rele tout timoun nan klas la ansanm). Timoun yo ! tout moun vini la, men kèk nouvo timoun mwen ta renmen ke nou rankontre.

Pwofesè Lucia entrodwi nouvo elèv yo ak klas li a e eksplike yo ke kèk nan timoun yo fèk aksepte Kris ! Ansanm yo pale de Sali yo. Pandan yo tap pale de Sali yo, Pwofesè a te ba yo yon egzanp de pitit li a ki te aksepte Jezi ak yon ti laj piti. Non pitit la se Jose li renmen li bib li e li renmen priye avèk manman li.

PWOFESÈ A: avèk pwòp mo pa ou, pataje istwa sa a:

*Lè Jose te gen 7 lane, li te mande Jezi kris pou li padone peche li yo, pou li antre nan lavi li, e resevwa Sali a. Li vin yon lòt moun nan Jezi. Depi lè sa a, Jose ap li bib li, Pale ak Bondye regilyèman, e li patisipe nan tout aktivite legliz li. E Jose bezwen fè plis pou Bondye toujou, li ta vle konsakrel/ bay tout li menm a Bondye pou ke li vin sen, e rete apa de move bagay mond lan.

DIEGO: Aprè ou fini konfese peche ou e aksepte Kris nan lavi ou, ou dwe prè pou bay tout ou menm pou sèvis Bondye. Li ap SANKTIFYE ou antyèman. Bondye ap fèw viv lwen peche a. Peche nou kraze relasyon nou ak Bondye e Blese mond nou an e blese tèt nou tou. Peche se tankou yon fado w'ap pote.

PWOFESÈ A: Si sa posib, bay yon istwa de pwòp vi pa w' de lè ou te chwazi fè bagay ki mal ke sa ki byen. Pale de jan ou te bezwen repanti e mande Bondye pou li padone ou e pou li te ba ou Jezi. Sa t'ap vle di anpil bagay pou elèv ou yo.

Ide Amizan – MIM SOU PECHE AVEK YON DJAKET OUBYEN YON RAD

Pwofesè a – Chwazi twa timoun pou fè mim senp sa a: (Timoun #1-Move moun, Timoun #2-Jezi, Timoun #3- Moun sove)

*Timoun #1 dwe aji tankou yon moun ki pa sove e ki itilize tout bagay pou fè tèt li plezi; Fè manti, volè, bwè, fimen eks.

*Timoun #2 dwe jwe wòl sovè nou an, Jezi Kris, ki reprezante tout bon bagay la.

*Timoun #3 dwe fè chwa viv ak peche oubyen deside bay tout bagay a Bondye pou ke li ka vin sanktifye.

Itilize yon Djakèt ou byen yon rad pou reprezante bagay mal nan lavi moun.

Timoun #1 dwe mete rad la sou do li ki reprezante fado peche ki nan lavi li. Kite timoun nan deside jan ke li vle fè pòtrè vi peche sa a –fè manti, vòlè, bwè, fimen eks.

Timoun #1 Vle simaye fado sa a nan lavi zanmi li yo. Li fòse Timoun #3 ki tou prè li a mete fado a ki se rad la nan do li tou(yon vi peche).

Timoun #3 Li te anba rad peche a jiskaske Timoun #2 a parèt e debarase l' de rad la.

*Timoun #3 Dwe aji tankou yon moun ki chwazi viv ak peche oubyen deside bay Kris tout pou ke li kapab Sanktifye.

Nan fen an, Timoun #3 fatige ak move bagay yo e priye Jezi pou mande padon pou peche li yo e pou ke li konsakre/bay lavil' totalman a Jezi. Li mande Bondye pou sanktifye li antyèman.

Kisa SANKTIFYE ANTYÈMAN vle di?

Se rete apa pou sèvis Bondye nan legliz, Lakay, e nan lekòl tankou lèw ap jwe ak zanmi ou. Sa se lè lespri sen ap viv nan nou. Travay Lespri sen an se:

1. Viv nan nou

2. Ansenye nou

3. Mete nou apa de move bagay nan mond sa a

4. Ba nou fòs pou nou ka kontrole lavi nou:

      -Priyè

      -Lekti Bib la

      -Sèvi Byen ak moun

      -Fè yon sèl ak lòt kretyen yo

ANA: Zanmi mwen yo! Se sa nou vle jodia?

      Eske nou vle vin sen e rete apa pou sèvis Bondye?

TIMOUN YO: Wi, nou vle sèvi Bondye ak tout nou menm.

26

JUAN: Nan klas, nou te aprann ke Bib la di nou nan 1Tesalonisyen 4:3, se volonte Bondye ou dwe sanktifye.

Men Bondye pap al fòse nou, sa depann de chwa pa nou.

ANA: Wi!

Donk, avèk èd Bondye jodia deside pou nou...

- – Vin sen

- - Gen yon kè san peche

- - Viv apa pou sèvis Bondye

Aprann viv nan fason Bondye vle pou ou viv la. Pèmèt li sanktifye ou antyèman.

LESON 6 - Kwasans Nazareyen an

OBJEKTIF LESON AN

Timoun yo dwe aprann kisa sa vle di Grandi spirityèlman.

Timoun yo dwe jwenn ankourajman pou yo gen dezi grandi pou yo ka pi prè Bondye atravè sakreman legliz la.

#11 Nou kwè nan legliz la

#12 Nou kwè nan Batèm

#13 Nou kwè nan repa senyè a (kominyon)

MATERYÈL NOU AP BEZWEN

Yon Bib

PRATIK SOU LESON AN

PWOFESÈ A: Ankouraje timoun yo pou yo pale de batèm avèk paran yo. Si yo ta renmen pran desizyon pou yo batize, planifye avèk pastè ou a nan yon dat ke li ka rankontre ak timoun ou yo sou kesyon batèm nan.

LESON 6

KWASANS NAZAREYEN AN

Aprè lekòl Diego envite zanmi li yo nan yon gwoup pou ke yo aprann plis de Legliz Nazareyen.

DIEGO: Lekòl, eske nou pat janm aprann de kredo apòt yo?

JUAN: Wi! Nan Etid sosyal nou yo mande pou nou kenbe li pa kè e mwen pa janm gen yon gran ide de li.

DIEGO: Kredo a raple nou menm Kretyen kwayans nou. Nou ka di li ansanm?

Mwen kwè gen yon sèl BOndye ke se papa ki gen tout pouvwa a
Li kreye syèl la ak tè a
Li fè tout sa moun wè ak tout sa moun pa wè
Mwen kwè gen yon sèl granmèt se Jezi Kris, Sèl pitit Bondye a
Li se Bondye nan Bondye a, Limyè nan Limyè a,
Bondye tout bon vre nan Bondye tout bon vre a
Li se pitit men se pa kreye yo kreye li, li se menm Bondye ak papa a
Se pa pouvwa Lespri Sen an ankò li vin fèt nan vant Mari ki vyèj
E li tounen moun, se poutèt nou toujou yo kloure l' sou lakwa
Li soufri sou rèy Pons pilat e yo antere l'
Sou twa jou li leve jan Bib la te di li a
Li monte nan syèl e li chita a dwat Papa a
E li gen pou l' retounen avèk tout pouvwa li
Pou jije ni moun k'ap viv ni moun ki mouri, e li va wa pou tout tan
Mwen kwè gen Lespri Sen an, li se granmèt e li bay lavi
Li se Lespri a ansanm ak pitit la
Yo adore l' ansanm ak Papa a, ansanm ak Pitit la
E li jwenn menm louanj avèk yo, se li ki t'ap pale lè pwofèt yo t'ap pale
Mwen kwè gen yon sèl Legliz* ki fè yon sèl kòt fanmi
Li sen e li la pou tout moun, Se sou apot yo li bati
Mwen rekonèt gen yon sèl batèm pou padone peche, e m'ap tann tout mò yo leve
M'ap tann lavi k'ap vini an
Amèn

*Legliz Nazareyen se yon pati nan legliz inivèsèl la; L majiskil nan mo Legliz la sinifi tout moun ki kwè nan Jezi Kri.

SOFÍA: Mwen tande Moun yo ap pale de grandi antanke kretyen. Kisa nou vle di lè nou di GRANDI ANTANKE KRETYEN an? Eske n'ap vin pi wo?

DIEGO: Non. Sofia, grandi antanke kretyen an vle di aproche plis kote Bondye e swiv egzanp li . Antanke Kretyen, Jezi te moutre nou kèk egzanp de fason nou ka pi pròch li. Pastè mwen te di nou de bagay ki espesyal ke nou dwe fè nan kongregasyon legliz nou an (kò kris la). Nou rele yo sakreman, banm di nou kisa yo ye:

Premye sakreman an se BATÈM.

Aprè ou fin aksepte Jezi nan lavi nou, Nou dwe batize pa obeyisans pawòl Bondye...

> Nou tout dwe Repanti e batize, nan non Jezi Kris pou padon peche nou yo (Travay 2:38)

ANA: Batèm pa sove pèsòn. Men, Jezi te batize nan dlo. Nou dwe swiv egzanp li.

> Kou Jezi te soti lavil Nazarèt pou antre Galile li te batize pa Jan nan larivyè Jouden an. (Mak 1:9)

Pou nou menm timoun, Paran nou ka vle bay nou a Bondye premyeman. Pita, lè nou pran desizyon ak pwòp tèt nou, Pastè nou ka batize nou pandan l'ap lage oubyen vide dlo sou tèt nou.

Gen paran ki ka menm vle ale kote pastè a e mande li pou li batize pitit yo nan dlo. Pa gen pwoblèm. Lè yo grandi ase pou yo konprann e vle pran desizyon pou bay tèt yo a Jezi, la a, y'ap ka moutre sa ak pastè yo a e ak kongregasyon yo. Lè mwen t'ap batize mwen te koule tout kòm nan rivyè a ! Mwen vle moutre ak tout moun ke Jezi ban mwen yon nouvo vi ! Mwen pat menm moun nan ankò!

DIEGO: Pa gen pèsòn la ki ta renmen batize?

DIEGO: Dezyèm sakreman ke nou dwe pratike:

- REPA SENYE A (KOMINYON)

Paske, men sa Senyè a fèm konnen, se sa menm mwen te moutre nou tou: Jou lannwit yo te trayi l la, Senyè Jezi te pran pen, lè li fin di Bondye mèsi li kase l, epi li di: Sa a se kò m, se pou nou li ye. Se pou nou fè sa pou nou ka chonje mwen, Konsa tou, apre yo fin manje, li pran gode diven an, li di yo: gode sa a se nouvo kontra Bondye fè nou nan san mwen. Se pou nou fè sa chak fwa n'ap bwè ladan l' pou n' ka chonje mwen. (1 Korent 11:23-25)

Menm jan ak Jezi, tout moun ki di ke li renmen Bondye dwe manje pen an e bwè nan koup ji ki raple nou lavi Jezi ak lanmò li. Pen an se senbòl kò Jezi. E koup Ji a se senbòl san Kris la. Yo raple nou lanmò Jezi sou lakwa.

Depi san pa vèse pa gen padon. (Ebre 9:22)

"Sans vèse a" vle di pran yon vi oubyen touye. Avan Jezi te vini sou tè a, Moun te sipoze touye/sakrifye zannimo yon fason pou peche yo te ka padone. Jezi Kris te vini e li te pèmèt solda yo touye li yon fason pou li sèvi kòm sakrifis ki lave tout peche nou yo. Se Rezon sa a ki fè Jezi te mouri. Se sèl mwayen pou peche nou te ka padone.

Donk, lòt fwa ke pastè a bay kominyon legliz la:

* Panse ak jan Jezi te soufri e pouki rezon li te mouri

* Panse avèk pawòl ou yo, aksyon ou yo, ak atitid w yo

* Mande Bondye si ou pa gen pyès peche ki kache nan lavi ou

* Si Bondye revele yon bagay ak ou, ou bezwen:

> * Konfese peche sa a ak Bondye

> * Di Bondye ke ou dezole

> * Mande Bondye pou li padone ou

> * Mande Lespri sen an pou li ba ou fòs pou ou obeyi li

ANA: Avan ou pran Koup ji a oubyen manje pen ke pastè a ofri nan kominyon an, fè si ke ou konprann enpòtans KOMINYON an. Se pa jis yon bon repa ke moun manje pandan moman legliz la. KOMINYON AN se yon siy pwomès, yon angajman ant Bondye ak lèzòm. Jezi te bay lavi li pou nou sou lakwa e nou pwomèt pou nou ba li lavi nou tou anretou.

SOFÍA: Mwen vle batize, manje nan repa senyè a, e viv yon vi ki apa nan legliz la.

ANA: Mwen kontan. Kite nou mande pastè a kilè k'ap genyen kominyon yon fason pou ou ka patisipe nan gran sèvis sa a .

Prepare pa Catherine Mukoko
Lekòl Biblik Nazareyen ki nan pati lès
nan Afrik la Ongata Rongai, KENYA

32

LESON 7 - Desten Mwen

OBJEKTIF LESON AN

Kòm rezilta aprè leson an, timoun yo dwe ka repete Atik sa yo nan lang matènèl yo e y'ap kapab aplike yo nan vi yo.

#14 Nou kwè nan gerizon divin

#15 Nou kwè nan dezyèm retou Kris la

#16 Nou kwè nan rezireksyon, jijman, ak desten

MATERYÈL NOU AP BEZWEN

-Yon Bib ak yon boul (pou Jwèt boul)

PRATIK SOU LESON AN

PWOFESÈ A: Revize Leson 6 la avèk timoun yo sou legliz la, Batèm,e Kominyon an. Fè si ke yo konprann ke manm legliz Nazareyen yo kwè:

- Ke Bondye geri nou

- Ke Jezi ap retounen.

- Nan rezireksyon lanmò a.

- Tout moun k'ap viv dwe jije pou detèmine desten yo.

Nan leson sa a Nou pral pale de jan nou pral viv ak kwayans sa yo

LESON 7

DESTEN MWEN

Jodia Ana gen anpil vizitè lakay li a. Sofia ak vwazen li yo ap mande tèt yo poukisa yo lakay Ana a. Tout moun ap travay oubyen fè yon bagay kay Ana a. Sanble Tonton Ana fenk mouri e li trè tris. Tout zanmi legliz li yo ak pastè li a vin rekonfòte fanmi an pandan moman di sa a.

JUAN: Ana, poukisa Bondye pat geri tonton ou? Ou te di nou ke ou kwè nan gerizon divin. Mwen te toujou panse si nou te priye e mande Bondye pou li geri nou, Nou menm kretyen nou ta dwe geri.

SOFÍA: Kisa gerizon divin nan ye Ana?

ANA: Gerizon diven an se pouvwa Bondye sou yon moun ki malad pou li fè l' geri.

- Bondye vle nou priye li pou li geri moun malad.

- Sonje sa:

    * Kite Bondye reponn priyè ou yo nan fason li chwazi a.

    * Kwè ke Bondye konnen tout bagay e li fè sa li wè k'ap bon pou ou a.

- Bondye ka geri nou fizikman lapoula oubyen nan yon titan.

- Oubyen tankou tonton m' nan, Bondye konnen lè lè a rive pou nou fin viv sou tè a.

SOFÍA: Si mwen fè malarya eske se paske mwen fè peche e eske Bondye ap pini m' paske mwen se yon move fanm?

DIEGO: Sofia, lè w' malad sa pa vle di ke ou peche. Maladi vle di ke kò nou pa ansante e kò nou mande swen.

Pandan n'ap priye nou dwe al wè doktè tou. Bondye ede doktè yo pou ba nou medikaman k'ap bon pou geri kò nou.

SOFÍA: Donk, eske tout bagay fini pou tonton ou?

ANA: Non Sofia,(Ana souri!). Se kòmansman vi li!!!

Youn nan objektif Bondye sou tè a pou lavi nou se prepare nou pou lavi etènèl ki gen pou vini an ! Nou gen yon objektif isi ba ki se fè bagay ki byen nan lavi sa a e bay Bondye glwa epi mennen lòt moun bay Bondye.

JUAN: Byen e kounya, Kisa ki rive ak Tonton Ana a?

DIEGO: Eske ou sonje lè nou t'ap pale de Bondye ki divize an twa moun nan?

*   Bondye papa a

*   Bondye pitit la (Jezi)

*   Bondye Lespri Sen an

- Lè Bondye pitit la te vini sou latè (Jezi), li te pran fòm yon ti bebe. Ti bebe sa a ki se te Jezi te grandi e te mouri pou li te ka pran pinisyon peche nou yo sou lakwa.

- Jezi pat janm peche. Se koz lanmou li gen pou nou ki fè li te bay tèt li kòm sakrifis pou peche ke nou menm lèzòm t'ap benyen.

- Lè Jezi te fin mouri, li te moute ale lakay papa li- Nan syèl la.

Jezi te di nou:

Lakay Papa a gen anpil konte pou moun rete, mwen pral pare plas pou nou. Si se pat vre, mwen pa tap di nou sa. Lè ma fin pare plas la pou nou. Ma tounen vin chache nou, konsa, kote m'a ye a se la n'a ye tou. (Jan 14:2-3)

SOFÍA: Ooo! Eske nou sonje chante ke nou te chante talè a? Nou ka chante li ankò?

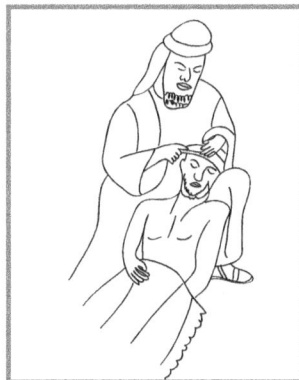

Prepare pa Rose Ng'ang'a
Timoun Nazareyen pou Kris
Ministè ki nan pati lès Afrik la

35

Tout timoun ann chante:

LAKAY PAPA MWEN, GEN ANPIL KAY.

LAKAY PAPA MWEN, GEN ANPIL CHANM.

SI SE PAT VRE, MWEN TAP DI NOU SA!

MWEN PRALE PREPARE YON PLAS POU OU !

MALE (eko)

PREPARE(eko)

E MWEN GEN POU M' RETOUNEN(eko)

POU OU (eko). X2

ANA: Lè tonton mwen te jèn ti gason, li te di Jezi ki li te dezole pou peche li yo e li te mande li pou peche li yo padone. Pandan tout rès lavi li, tonton mwen t'ap viv fason Jezi mande pou li te viv nan Bib la. Tonton mwen te sove de pinisyon peche li yo pa lanmò Jezi sou lakwa. Depi li sove de tout peche li, donk, lè li te mouri a imedyatman lespri li ale jwenn senyè a.

2 Koretyen 5:8 esplike mwen ke tonton m' ale . . . lakay senyè a.

Kounya Bondye nan syèl la ap viv avèk lespri tout moun ki t'ap swiv li e ki gentan mouri.

SOFÍA: Mwen konnen bagay lespri w'ap pale a, Ana! Matant mwen te di m' ke lespri zansèt nou yo toujou ap gade nou. E kèk fwa nou dwe bay yo ofrann pou fè kè yo kontan. E si nou pa fè kè yo kontan, donk nou nan gwo pwoblèm ak yo !!!

Mwen sonje yon lè lapli pat tonbe pandan anpil jou e tonton mwen yo te panse ke se zansèt nou yo ki te fache ak nou. Pou yo te fè kè zansèt nou yo kontan, tonton nou yo te mete ansanm epi yo tiye yon poul ba yo kòm sakrifis.

ANA: Sofia, mwen pa panse tonton ou yo te kwè nan Jezi Kris kòm sèl gran Dye a. Nou menm kretyen nou pa kwè nan lespri zansèt yo.

Bib la di nou :

. . . Nou la nan mitan foul moun sa yo ki te moutre jan yo te gen konfyans nan Bondye. Ann voye tout bagay k'ap antrave kous nou jete byen lwen, ansanm ak peche a ki fasil pou vlope nou. Ann kouri avèk pasyans nan chemen Bondye mete devan nou an . . . (Ebre 12:1-2ª)

36

Nou menm manm legliz Nazareyen konnen ke tout moun ki mouri deja, e ki gen lafwa nan Jezi, lespri nou deja nan men Bondye (ak anpil temwen nan nyaj yo). E temwen sa yo ap gade nou k'ap Mennen batay sou tè sa e y'ap aklame nou. Se menm jan ak yon match foutbòl lè foul la ap aklame jwè yo pandan match la ap jwe a. Aklamasyon pa vle di foul la patisipe nan jwèt la men se yon ankourajman pou jwè yo.

DIEGO: (Ann al goute yon ti foutbòl.) Nou pa dwe enkyete nou lè nou pa fè zansèt yo plezi. Nou dwe sèlman enkyete nou lè nou pa fè Bondye plezi. Pyès nan nou pa vle jwe boul.)

(Tout timoun kouri ansanm ak kè kontan pou yo jwe foutbòl)

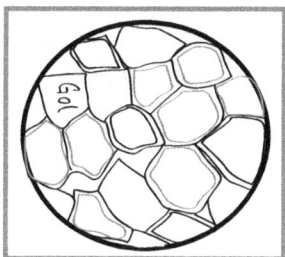

Prepare pa Silke Sherudo Rehema Magaya, 9 lane
Inivèsite Legliz Nazareyen an
Nairobi, KENYA
ZIMBABWE nan pati lès la

PWOFESÈ - JWE YON TI FOUTBOL AK ELÈV OU YO. YO RENMEN SA!

ANA: Donk, Bondye nan syèl la. Li deside nan lè li wè ki bon an, e Jezi ap retounen ankò. Nan dezyèm retou sa a, tout moun ki mouri yo ap resisite.

Kò ni moun ki sove ak sa ki pa sove yo pral fè yon sèl ak lespri yo.

E jou a gen pou rive pou nou jije e Bondye ap deside lavi etènèl nou:

- Tout moun ki te sove yo anba peche yo (Sa ki te renmen Bondye e ki te aksepte Jezi yo), gen pou viv pou tout tan nan syèl la.

- Tout moun ki te refize mande Bondye pou li padone peche yo gen pou pase tout tan nan lanfè.

JUAN: Nou dwe prè pou dezyèm retou Jezi a ak jijman nou, nou pa ta supoze prè vre!

SOFÍA: Eske nou dwe mete tout rad nou yo, jwèt nou yo, ak manje nou nan malèt poun' ale ak Jezi nan syèl la? Eske ap gen lekòl ak doktè laba a ?

DIEGO: Sofia, nan syèl la nou pap bezwen bagay sa yo. « Pou prè » se jis di Jezi ke nou dezole pou peche nou yo e mande li pou ke li padone nou. Nou dwe viv sou tè a jan li di nou pou nou viv nan Bib la.

ANA: Nou dwe ede lòt moun pou yo prè tou. Nou dwe ede yo pou yo konnen kòman yo ka vin yon kretyen (disip Jezi Kris)- Sove anba desten ki vle yo rete pou tout tan nan lanfè san Bondye a.

JUAN: Wow! Mwen vrèman vle pale tout zanmi mwen yo de Jezi. Mwen bezwen pale yo de desten yo ; ki kote yo pral pase letènite yo. Mwen vle yo prè pou ale nan syèl-se pa nan lanfè.

SOFÍA: Mwen menm tou!

DIEGO: Bagay nou ap aprann la yo vrèman enpòtan yon fason pou nou konprann:

* Kòman nou dwe viv sou tè a

*Kisa k'ap tann nou aprè vi nou sou tè a

Ann nou chante ansanm:

SYEL LA SE YON BÈL KOTE!

Syel la se yon bèl kote

Ki ranpli ak glwa e gras

Mwen vle wè sove mwen,

Ooo, syèl la se yon bèl kote (Mwen vle ale kote sa !)

LESON 8 - Istwa Legliz Nazareyen

OBJEKTIF LESON AN

Kòm rezilta aprè leson sa a, timoun yo dwe konnen kòman legliz Nazareyen te kòmanse e li te grandi pou gaye ak ide pou bay Sali a nan tout mond lan nèt.

MATERYÈL NOU AP BEZWEN

-Yon Bib,

- Kreyon koulè, oubyen yon bagay ki ka kolore

PRATIK SOU LESON AN

PWOFESÈ A: Envite tout elèv yo lakay ou pou yo ka al manje kèk fwi.

Pwofesè a ak Ana planifye pou pale plis de legliz Nazareyen an e kòman li te kòmanse.

LESON 8

ISTWA LEGLIZ NAZAREYEN MWEN AN

SOFÍA: Mwen vrèman kontan paske mwen te pran desizyon pou swiv Jezi. Sa te amizan anpil pou ke mwen te aprann nan kisa manm legliz Nazareyen kwè.

JUAN: Ana, eske legliz Nazareyen se yon nouvo legliz? Ou pa konnen istwa legliz ou a?

ANA: O wi! . . . Mwen konnen kèk bagay. Diego avèk mwen te vle fè nou konprann legliz nou an. Gade nan kat sa a mwen pote jodia.

Prepare pa Cole Belcher, 9 lane
Legiz Nazareyen Garnett
Garnett, Missouri, EUA

40

TX

R

J&S

J

B

PWOFESÈ: GIDE TIMOUN YO POU YO KOLORE VIL OUBYEN PEYI EGZAT KE Y'AP PALE NAN LESON AN.

* Vi kretyèn nan te kòmanse lè Jezi te fèt- nan vil bètleyèm, an izrayèl. Se te nan lane 0001 AS. "AS" la vle di "Nan lane Senyè nou an".

. . . gen yon sovè ki fenk fèt se Kris la Senyè nou an (Lik 2:11b)

PWOFESÈ: PRAN TAN POU OU MOUTRE YO:

- VIL OU A

- BETLEYÈM, IZRAYÈL (Chache lèt B nan kat mond lan)

* Aprè Jezi te fin grandi, te fin sakrifye, e te fin resesite nan lanmò kèk nan moun ki tap swiv li yo t'ap selebre yon jou ke yo rele jou pannkot. Lespri sen an te desann sou moun sa yo nan yon fason ki gran. Depi jou sa, moun sa yo mete tèt yo ansanm pou fè yo fanmi nan Bondye. Se te lane 33 AS.

Yo pase tout tan yo ap koute sa apòt yo t'ap moutre yo, yo t'ap viv ansanm tankou frè youn ak lòt, yo reyini pou separe pen an bay tout moun, epi yo t'ap lapriyè. (Travay 2:42)

PWOFESÈ: MONTRE TIMOUN YO LAVIL JERIZALÈM SOU KAT OU A E MANDE YO POU YO KOLORE LI. (Chache lèt J nan kat la)

* Pita legliz la te kòmanse grandi men anba gwo pèsekisyon!!!

...menm jou sa a, yo kòmanse pèsekite legliz Jerizalèm nan anpil. Tout disip yo gaye kò yo nan peyi Jide ak nan peyi Samari. Se apòt yo sèlman ki te rete Jerizalèm. (Travay 8:1)

PWOFESÈ: MONTRE TIMOUN YO LAVIL JIDE AK SAMARI NAN KAT OU A E MANDE YO POU YO KOLORE TOULEDE VIL SA YO. (Chache lèt J ak S sou kat la)

* Yo te vin konn legliz la sou non legliz katolik e li te vin relijyon tout moun nan peyi Romen an. Se te lane 313 AS.

PWOFESE : MONTRE TIMOUN YO EWOP, EPI ITALI AK LAVIL ROM NAN KAT OU A. DI YO KOMAN KE KRETYEN YO TE EPAPIYE YO NAN TOUT EWOP LA. (Chache lèt R nan kat la)

JUAN: Diego, lakay mwen mwen gen anpil zanmi ki ale legliz katolik. Yo toujou di mwen ke tout lòt legliz mwen wè yo soti oubyen te nan legliz katolik yo a. eske se vre?

DIEGO: Wi, gen kèk kretyen ki te kwè nan bagay diferan ke lidè legliz katolik t'ap ansenye. Kretyen sa yo te retire kò yo nan katolik e yo te rele tèt yo pwotestan. Se te nan lane 1530 AS yo.

ANA: Avèk Bib la kòm gid yo, pwotestan yo te kreye kèk lòt denominasyon diferan tankou nou gen jodia Legliz Prezbiteryèn, Legliz Batis, Legliz Pannkotis, e Legliz Nazareyen!

SOFÍA: Kòman Legliz Nazareyen te kòmanse ?

DIEGO: Te genyen yon nèg ki te rele PHINEAS F. BRESEE. Li te vin papa Legliz Nazareyen nan lane 1908 ; Texas, Etazini.

PWOFESE: MOUTRE TIMOUN YO ETAZINI, EPI TEXAS SOU KAT OU A. (chache lèt Tx sou kat la)

Te gen anpil Legliz Nazareyen ki te kòmanse kreye e depi lè sa a Legliz Nazareyen gaye nan tout mond lan nèt!!!

JUAN: Sa vrèman bon- Levanjil la gaye nan tout mond lan!!!

DIEGO: Juan, wi sa vrèman bon vre. E li vrèman bon tou pou nou wè jan Bondye ap itilize legliz Nazareyen pou bay levanjil e ansenye moun yo pou yo ka vin kretyen ki sove.

ANA: Mwen renmen legliz Nazareyen mwen an! Yon jou mwen ta renmen vini yon lidè nan legliz Nazareyen mwen an. Mwen ta renmen travay ak lòt timoun e ede yo pou yo aprann plis de Jezi e de manm legliz Nazareyen yo tou!

SOFÍA: Ann nou kolore tout kat la pou nou moutre jan levanjil gaye nan mond lan!

PWOFESÈ: ANKOURAJE TIMOUN YO POU YO KOLORE TOUT PEYI KI NAN KAT LA NET POU YO KA WE JAN LEVANJIL LA PRAN MOND LAN.

LESON 9 - Legliz Mwen An

OBJEKTIF LESON AN

-Timoun yo dwe ka wè kòman legliz Nazareyen ap grandi nan tout mond lan

-Timoun yo dwe konnen objektif legliz Nazareyen an se Gran komisyon an:

. . . Ale fè disip pou mwen nan tout nasyon, batize yo nan non Papa a, Pitit la ak Lespri Sen an. Moutre yo pou yo obsève tout sa mwen te ban nou lòd fè. Chonje sa byen, mwen la avèk nou toulejou, jouk sa kaba. (Matye 28:19 - 20)

MATERYÈL NOU AP BEZWEN

*Yon ti po tou piti oubyen yon konsèv

*Kèk ti ròch pou nou mete nan konsèv la

*Kreyon oubyen yon bagay pou timoun yo itilize pou yo kolore

*Yon Bib

PRATIK SOU LESON AN

Paran Diego yo te envite Pastè J ak tout timoun ki nan Legliz Nazareyen Dlo beni li a pou vini lakay yo a pou yo ka gen plis amitye, jwe epi manje ansanm. 😊

LESON 9

LEGLIZ MWEN AN

Nan legliz pastè J a, timoun yo trè kale nan jwe jwèt e li renmen jwe ak yo. Yo renmen lè pastè a ap rakonte yo istwa e fason li chita pou pale avèk yo a. Jodia se menm bagay la toujou. Sofia ak Juan yo chita espesyalman pou yo tande Pastè J k'ap pale plis de istwa Legliz Nazareyen an.

PASTÈ J: Se te yon aprè midi amizan! Manman Diego, manje w' la te gou anpil ! mèsi anpil!

Timoun yo, se byen pou Diego ak Ana te pran tan pou yo pale nou de kwayans nou nan legliz la.

Nou ka di nou kèk bagay ke nou te aprann?

SOFÍA: Wi, Legliz Nazareyen an se yon gwo legliz; mwen vrèman fyè de legliz la!

JUAN: Mwen menm tou! Manm legliz Nazareyen ap travay di pou akonpli plan Bondye te gen pou nou an.

SOFÍA: Manm legliz Nazareyen ap fè tout sa yo kapab pou gaye lanmou Bondye tout kote nou ale- e menm nan tout mond lan!

JUAN: Manm legliz Nazareyen vle viv ak kè kontan, viv yon fason ki sen pandan yo sou tè a, e lè nou mouri pou nou ka pase letènite nou ak Bondye.

SOFÍA: Manm legliz Nazareyen yo pale zanmi yo de Bondye e moutre yo fason li ye.

PASTÈ J: Timoun ou yo gen rezon. Bon travay! Eske mwen ka di nou kè bagay de plis sou Legliz Nazareyen ki vrèman eksitan ? Enben ann nou jwe yon jwèt pandan m'ap pale avèk nou an...

Men mwen gen yon po ak kèk ti ròch nan yon sak la a.

Mwen pral poze nou kèk kesyon.

Chak fwa nou reponn byen, nou dwe pran yon ti ròch epi lage li anndan po a. Nou youn ka mande lòt èd - Mwen swete ke ap gen yon moun la a kanmèm k'ap konn repons yo.

Si po a plen, mwen pwomèt nou pou mwen vwayaje avèk nou lòt samdi aprè midi!

Oke, Nou prè? Tande avèk anpil atansyon!!!

Legliz Nazareyen an ap grandi rapid nou tout mond lan.

Jezi gen travay pou li fè nan mond sa a. e Bondye pral itilize nou pou travay sa a.

Legliz Nazareyen divize mond la an 6 rejyon:

>*Afrik
>
>*Azi-Pasifik
>
>*Erazi
>
>*Mezoamerik (Meksik, Amerik Santral ak Karayib la)
>
>*Amerik Sid
>
>*Etazini/Kanada

- Gen yon sirentandan jeneral ki responsab tout rejyon sa yo.

- Nou gen yon direktè rejyonal ki responsab pou sipèvize travay nou nan rejyon Mezoamerik la;

- Nan lane 2014:

    - Doktè Carlos Saenz se Direktè Rejyonal nou

    - Mezoamerik la divize an 5 pati diferan:

        1. Meksik

        2. Nò Santral (Gwatemala, El Salvadò, Onndiras, Nikaragwa)

        3. Santral (Kosta Rika, Panama, Kiba, Repiblik Dominiken, Pòto Riko)

        4. Karayib (Antiy Fransè yo, Bahamas, Babados, Beliz, La Dominik, Giyàn, Giyàn Fransè, Jamayik, Il Leeward Virgin yo, Il Winward yo)

        5. Ayiti

- Chak zòn gen yon koòdonatè pou siveye kondwit Legliz Nazareyen yo nan zòn yo a.

- Chak zòn gen distri li ak yon sirentandan pou siveye pastè legliz nou yo.

- Chak legliz gen yon pastè!

- Chak manm nan Legliz Nazareyen gen yon legliz!

Eske nou se manm???

Kounya se lè pou mwen poze kesyon yo. Mwen pral wè si nou ka ranpli po a!

Pwofesè – Ede timoun yo reponn kesyon sa yo pou yo ka ranpli po a. si yo pa reponn yon kesyon ede yo a jwenn repons lan. Objektif jwèt la se aprann pandan n'ap amize nou. Se pa tankou yon egzamen lekòl li ye.

1. Ki non rejyon ou a?

2. Kiyès ki direktè aktyèl rejyon Mezoamerik la

3. Ki non zòn nou an?

4. Kiyès ki koòdinatè zòn nou an?

5. Ki non distri nou an?

6. Kiyès ki sirentandan distri nou an?

7. Ki non legliz nou an?

8. Kiyès ki pastè nou?

PASTÈ J: Felisitasyon! Po a demi plen. Ann nou kontinye!

- Li te nan lane 1903 yo, lè Legliz Nazareyen nan Mezoamerik la rantre Meksik.

- Legliz Nazareyen ankouraje edikasyon kretyen yo. Nan Mezoamerik la, Legliz Nazareyen te konstwi 12 enstiti pou moun aprann:

1. Seminè Nazareyen pou Ameriken yo, Sann Jose, Kosta Rika

2. Enstiti Biblik Nazareyen, Avana, Kiba

3. Seminè Nazareyen pou Dominiken, Repiblik Dominikèn

4. Enstiti Biblik Nazareyen, Koban, Alta Verapas, Gwatemala

5. Seminè Teolojik Gwatemala, Lavil Gwatemala

6. Seminè Teolojik Nazareyen Ayiti

7. Lekòl Biblik Nazareyen Wasteka, Sann Lwis Potosi, Meksik

8. Enstiti Biblik Nazareyen Noreste, Monnterey, Nwevo Leonn, Meksik

9. Enstiti Biblik Nazareyen Noroeste, Ennsenada, Baha Kalifònya, Meksik

10. Institi Biblik Nazareyen Soureste, Toukstla Goutyeres, Tchyapas, Meksik

11. Seminè Nazareyen Meksiken, A.C., Lavil Meksik, Distri Federal Meksiken, Meksik

12. Kolèj Nazareyen Karayib la, Sannta Kwous, Trinidad

PETET YON JOU NOU KA AL APRANN NOU YOUN NAN LEKOL SA YO!!!

ANA: Nou te kontan pale w' de Legliz Nazareyen nou an e Plizyè fason diferan nou simaye lanmou bay tout gason, fanm ak timoun yo. Mwen renmen sa anpil lè mwen fini ak lekòl segondè mwen, mwen swete ale nan yon Lekòl Biblik Nazareyen.

PWOFESÈ: Moutre timoun yo kibò peyi sa yo ye nan kat rejyon mezoamerik la. Ankouraje timoun yo pou gade nan kat la. Bay chak zòn kote Legliz Nazareyen yo ye a yon koulè diferan.

Zòn Legliz Nazareyen yo - Rejyon Mezoamerik la- 2014

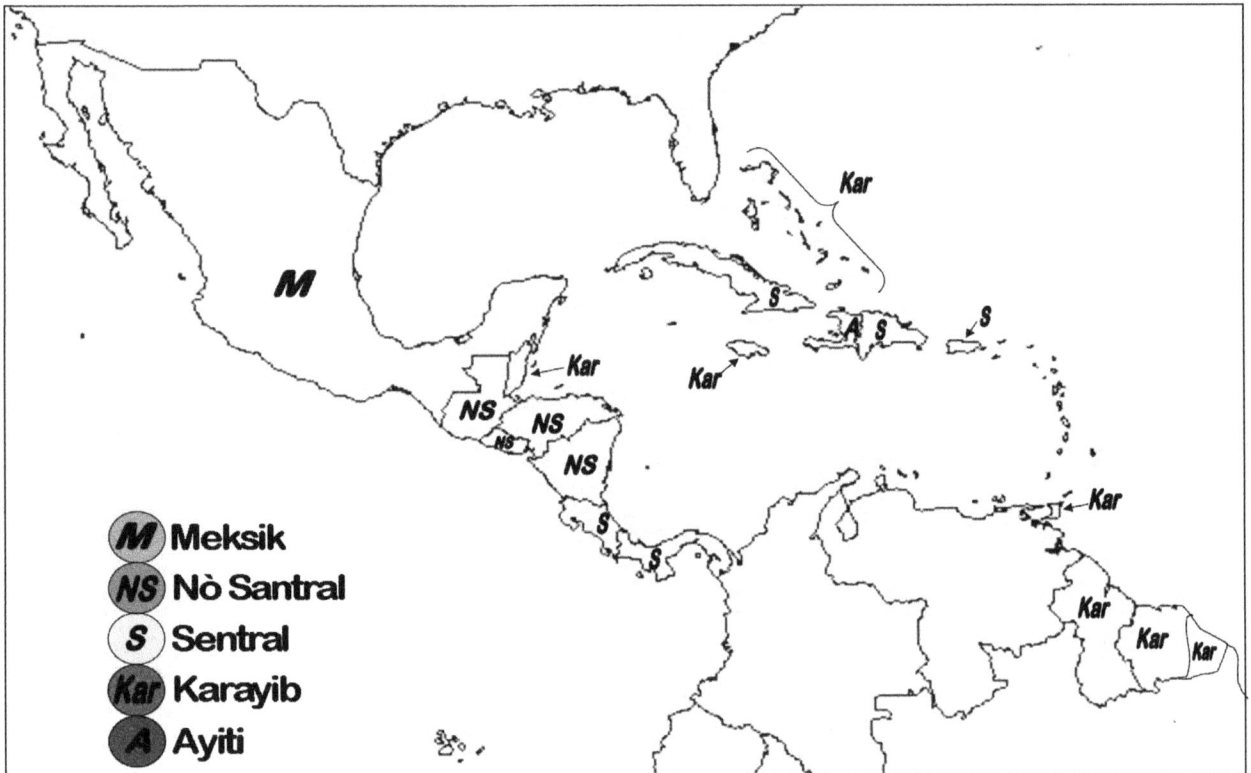

M Meksik
NS Nò Santral
S Sentral
Kar Karayib
A Ayiti

* Nan lane 2014 la Bondye toujou ap fè travay li nan Rejyon Mezoamerik la. Nou gen plis pase 356,000 manm ki gaye nan plis pase 31 peyi. E to sa a ap toujou chanje paske Legliz Nazareyen yo ap grandi trè rapid !!!

Oke. Men plis kesyon!

1. Nan ki ane Legliz Nazareyen an te premye vini nan Rejyon Mezoamerik la?

2. Nan ki peyi li te premye vini?

3. Nan ki ane Legliz Nazareyen te premye vini nan rejyon ou a?

4. Eske ou se yon manm?

****

Bon travay tout moun! Nou plen po nou an!!! Kounya nou prè pou vwayaj nou an!!!

50

LESON 10 - Obeyi

OBJEKTIF LESON AN

Nan leson sa a timoun yo pral aprann kòman, antanke manm legliz Nazareyen, yo dwe ye e kòman yo dwe OBEYI!

MATERYÈL NOU AP BEZWEN

Yon Bib

PRATIK SOU LESON AN

Timoun yo te amize yon an vwayaj la avèk pastè J! Yo te vrèman renmen pase tan ap aprann ak li pandan yo t'ap jwe.

Yo tout te tounen ak Diego e Ana. Diego te rekomanse ak yo ankò nan aprantisaj la.

LESON 10

OBEYI

DIEGO: Kounya nou aprann anpil de Legliz Nazareyen.

Se moman pou: - NOU!

              - OBEYI!

Premyeman, pou NOU sove, priye e renmen lòt sèvitè Jezi Kris yo. Epi, Bondye ap ede nou pandan nou menm n'ap OBEYI kòmandman li yo.

Pou NOU . . . - <u>SOVE!</u>

ANA: Manm Legliz Nazareyen:

     *te di ke yo dezole pou peche yo

     *kwè ke Jezi te mouri sou lakwa pou peche yo

     *Resevwa Sali a nan Jezi Kri

     Paske nou sove donk nou pral pase letènite nou avèk Bondye nan. . .

SYEL LA – YON BÈL KOTE!

Syèl la se yon bèl kote

Ki ranpli ak glwa epi gras

Mwen vle wè mwen sove

Ooo, syèl la se yon bèl kote

MWEN VLE ALE LADAN L' !

ANA: Bondye te menm moutre nou kòman pou nou viv yon vi ki sen e sanktifye. Eske Bondye pa mèvèye!!!

POU NOU . . . - __PRIYE!__

DIEGO: Manm legliz Nazareyen priye e pale ak Bondye! Si nou vle menm jan ak Bondye, donk nou dwe pale avèl e li pawòl li chak jou. kisa sa vle de?

SOFÍA: Mwen konn tande moun di:

"PRIYE NAN NON JEZI", kisa sa vle de?

DIEGO: Nan liv Matye 6:9-13 la, Jezi te moutre disip li yo kòman yo priye se li yo rele:

Priyè Senyè a

Papa nou ki nan syèl la,

Nou mande pou yo toujou respekte non ou.

Vin etabli gouvènman ou,

Pou yo fè volonte ou sou latè,

Tankou yo fè l' nan syèl la.

Manje nou bezwen an,

Ban nou li jòdi a.

Padonnen tou sa nou fè ki mal,

Menm jan nou padonnen moun ki fè nou mal.

Pa kite nou nan pozisyon pou nou tonbe nan tantasyon,

Men, delivre nou anba satan.

Paske se pou ou tout otorite ak pouvwa ak tout lwanj,

Depi toutan ak pou tout tan,

Amèn

Jezi te priye Bondye: "Ke YO fè volonte ou!"

Men li pat di: Bondye, pou nou fè volonte pa nou!

""Nan non Jezi" vle di ke nou ap mande pou ke Bondye fè bagay yo jan li vle a. Li konnen sak pi bon pou nou yo!"

Pou NOU . . . - __RENMEN LÒT SÈVITÈ YO!__

SOFIA: Mwen wè manm legliz Nazareyen yo renmen youn lòt anpil!

ANA: Wi, Nou konsa vrèman ! vi kretyen an se yon vi LANMOU!!! Bondye renmen nou anpil sa fè li te bay sèl pitit li a, Jezi, pou mouri sou lakwa pou nou yon fason yon jou pou nou ka ale nan syèl la. Se sa Jan 3:16 di:

> Paske, Bondye sitèlman renmen lèzòm li bay sèl pitit li a pou yo. Tout moun ki va mete konfyans yo nan li p'ap pèdi lavi yo. Okontrè y'a gen lavi ki p'ap janm fini an.

Manm legliz Nazareyen vle swiv egzanp Jezi e renmen youn lòt tou.

Ey, eske ou vle jwe yon jwèt avèk mwen k'ap pèmèt nou kenbe vèsè sa a nan bib la?

Oke, ann nou ekri vèsè a.

> Tout moun li avèk mwen. . . . .

> Kounya mwen pral efase yon mo nan vèsè a.

> Li li ankò. Eske nou sonje ki mo mwen sot efase a?

Bon travay. Sofia, vin efase yon lòt mo nan vèsè a.

> Kounya, eske nou ka di li ankò? . . . .

Bon travay!   Ann nou kontinye jiskaske nou kenbe tout vèsè a nèt!

JUAN: Yo rele Manm Legliz Nazareyen yo " Sèvitè k'ap dirije", pa vre?

DIEGO: Wi se vre Juan! Ak lanmou Bondye nan kè nou an, Nazareyen yo eseye pran swen moun e sèvi moun ki alantouraj yo. Jezi te di nou:

> Men, se pa konsa pou sa fèt nan mitan nou. Okontrè, si yonn nan nou ta vle vin grannèg se pou li sèvi nou tout. (Matye 20:26)

DIEGO: Pou moutre nou ke nou gen dezi pou nou sèvi moun nan, lè tonton Ana te mouri a , Nazareyen yo te ale ansanm pou ede fanmi Ana e pou pwouve fanmi an Lanmou. Konsa fanmi Ana pa tap bezwen santi yo sèl e abandone.

ANA: Mèsi tout moun paske nou te vini ede mwen nan moman tris sa a   ! Nou te fè fanmi mwen santi ke nou renmen yo anpil!!!

JUAN: Mwen konn menm wè manm legliz Nazareyen nan vil mwen an ap sipòte moun ki pòv yo. Eske sa se yon bagay enpòtan pou Nazareyen yo?

DIEGO: Wi, sa enpotan anpil. Nazareyen yo ansenye moun yo pou Mennen yon vi ki sen. Nou ansenye yo kont bagay sa yo:

   •Vòl

   •Koripsyon

   •Lèw' Dezonèt

   •Lè nou pa pran swen tout sa Bondye ban nou; kò nou ladan l' tou

Si Nazareyen yo ede moun yo Mennen yon vi ki sen, anpil nan bagay ki fè moun yo pòv pa tap rete nan vi yo.

ANA: Pou NOU timoun ke Bondye vle nou ye a; timoun sove, k'ap priye e ki renmen lòt sèvitè Bondye yo.

PWOFESÈ A: fè timoun yo kenbe sa a:

   Se pou renmen mèt la, Bondye ou a, ak tout kè ou, ak tout nanm ou, ak tout lide ou. Se kòmandman sa a ki pi gwo, ki pi konsekan.   (Matye 22:37-38)

OBEYI

ANA: Kounya ou fin sove, priye, epi renmen sèvitè Bondye yo, li ka di w' sa li vle ou ye a. Nou dwe fè tout sa n' kapab pou nou OBEYI Bondye!

SOFÍA: Ki tip de bagay ke nou menm timoun yo nou ka fè pou Bondye?

ANA: Anben, premyeman, rete pre Bondye e dèyè toujou zanmi l'.

DIEGO: Kòman nou ka fè sa?

JUAN: Mwen konnen! Nou dwe pase tan ap priye Bondye epi li Bib nou chak jou. Se konsa l'ap di nou kisa li vle nou fè!

SOFÍA: Epitou, li enpòtan tou pou nou patisipe nan sèvis legliz nou yo ak Lekòl Dominikal!

ANA: Wi Sofia ak Juan. Nou gen rezon - Se bagay ki pi enpòtan ke timoun yo ta dwe fè!

Aprè sa nou kapab sèvi lòt moun avèk lanmou selon kado espirityèl ke Bondye ba nou an. Nou kapab ansenye zanmi nou yo de Jezi, vizite moun ki malad, netwaye oubyen bale legliz la, priye, ede yo kwit manje oubyen dirije sèvis adorasyon yo, souri bay yon moun, e plis toujou!

DIEGO: Pa bliye bay! Manm Legliz Nazareyen bay Dim (10% nan sa yo rantre) e ofrann espesyal a legliz yo/ kay Bondye a! aprè tout sa Bondye fè pou nou, se sak pi piti ke nou kapab fè pou li.

Pote tout ladim nan nèt nan tanp lan, ... (Malachi 3:10a)

ANA: Gen plizyè mwayen ke nou kapab OBEYI Bondye. Nan bib la, Egzòd 20 ede nou konnen plis mwayen toujou. Lè Moyiz t'ap mennen pèp izrayèl la soti Ejip pou ale Kanaran, Bondye te ba li 10 kòmandman pou ke nou swiv.

DIEGO: Wi, yo ede nou anpil! Menm jan nou gen règ lekòl la pou nou OBEYI, Bondye te ba nou kòmandman sa yo yon fason pou nou ka rete dwat ak li e pou li ka ede nou viv nan mond sa a jodia. Mwen gen yon mwayen ki amizan ki ap ede nou aprann 10 kòmandman yo pandan n'ap itilize men nou yo ak dwèt nou yo. Gade sa a . . . !

#1 - MWEN SE SENYE BONDYE OU A...OU PA DWE GEN LÒT BONDYE KE MWEN.

(Leve yon dwèt epi lonje li tankou yon gwo #1. Kounya souke dwèt la tankou ou t'ap di "Non, Non, Non!")

Ou pa sipoze gen lòt dye! Senyè a pou kont li se Bondye ! li dwe siyifi plis ke tout lòt bagay pou nou ! Nou pa dwe bay pyès atansyon ak maji. Sa yo se bagay ki soti nan djab. Si ou malad, pa al lage kòw bay moun ki di ke yo "Pi konn priye yo", e poutan se pa moun k'ap sèvi Bondye yo ye vrèman se moun k'ap fè lajan! Sa se bagay djab tou.

#2 - PA FÈ PYÈS ZIDÒL

(Leve de dwèt anlè,e fè yo fè « moute » desann.)

Zidòl se yon move bagay! Priye "Sen" oubyen Zansèt nou yo pou nou mande yo èd sa rele adore zidòl. Nou pa ka itilize yo pou enfliyanse Bondye!

#3 - PA PRAN NON BONDYE AN VEN

(Mete twa dwèt sou bouch ou epi di, AH!!!!)

Bondye merite respè. Li pa bon pou ke nou itilize non Bondye kòm yon move mo oubyen pou modi moun. Li pa bon pou nou di, « MWEN SÈMANTE DEVAN BONDYE ». retyen pale sa ki verite.

#4 - PA BLIYE JOU SABA A POU NOU KENBE LI SEN

(Kole de men ou ansanm- fè dwèt yo dwat, tankou se priye ou t'ap priye.)

Manm Legliz Nazareyen pran jou Dimanch lan kòm jou repo pou onore Bondye atravè adorasyon yo, aprann de li, e konnen youn lòt.

#5 - ONORE MANMAN OU AK PAPA OU

(Mete 5 dwèt men dwat ou yo sou fron ou tankou lè militè ap salye.)

Respekte sa ki pi gran pase ou yo e ak anpil respè.

#6 - PA TOUYE

(Mete 5 dwèt yo sou yon men. mete dwèt ki lonje a nan lòt pla men an, tankou yon zam.)

Ki vle di layèn, san lanmou!

#7 - PA FÈ ADILTÈ

(Mete pla men goch ou anlè epi mete dwèt ki te lonje a sou li ak tout lemajè men dwat ou epi jwe yo tankou yon madanm ak yon mesye k'ap rantre nan yon legliz pou yo al marye.)

Mari dwe gen yon sèl madanm e madanm nan yon sèl mari san lòt sou kote. Pa pran tan nou ap fikse lòt moun sa rele anvi ki mennen sèks.

#8 - PA VOLÈ

(Leve 5 dwèt men dwat ou anlè e 3 dwèt men goch anlè. Fè men dwat la ap redi 3 ·dwèt ki nan men goch yo.)

Ou dwe yon moun ki gen anpil lanmou e ki onèt.

#9 - PA BAY MANTI

(Leve 9 dwèt anlè. Epi , kouvri bouch ou ak men yo youn aprè lòt.)

Pa bay manti! Bondye vle nou di sa ki verite!

#10 - PA GEN ANVI SOU AFÈ MOUN

(Mete tout 10 dwèt yo anlè epi pretann ke w'ap "lonje yo" pou w di, " Banm sa! Mwen vle sa!")

Lè w' vle yon bagay ki pa pou ou. Yon sèvitè la pou ede lòt moun, men pa vle sa moun genyen.

Kòmandman sa yo soti nan liv Ann Dunagan an, Kòmandman yo- 10 kòmandman yo pou timoun piti- pibliye pa Piblikasyon Kregel la.

JUAN: Se te amizan. Sa pral ede mwen sonje pou mwen obeyi Bondye.

ANA: Mèsi Diego paske ou ansenye mwen yo! Mwen ap toujou sonje 10 kòmandman Bondye vle nou obeyi yo.

DIEGO: Pandan n'ap obeyi kòmandman Bondye yo, gen nan nou Bondye ap mande plis ke sa. Gen nan nou Bondye ap mande pou bay vi nou nèt pou sèvi li nan ministè a kòm Pastè oubyen misyonè.

Tou lè de ede moun avanse pi prè Jezi.

   *Djòb yon pastè se ede yon legliz pandan ke l'ap di moun yo kòman Bondye renmen yo.

   *Djòb yon misyonè se pran bòn nouvèl Jezi a epi bay li ak moun lòt peyi ak lòt kilti.

DIEGO: Èske nou te pale ou de misyonè nou yo??? Legliz Nazareyen mete anpil aksan sou misyon ! avèk èd misyonè nou yo, kounye a nou nan anviwon 160 peyi!

DIEGO: Mwen vle nou aprann vèsè sa yo ki nan Bib la:

Ale fè disip pou mwen nan tout nasyon, batize yo nan non Papa, ak Pitit la ak Sentespri a. Moutre yo pou yo obsève tou sa mwen te ban nou lòd fè. Sonje sa byen : mwen la avèk nou toulejou, Jouk sa kaba. Matye 28:19-20

An nou fè yon jwèt k'ap ede nou aprann vèsè yo . . .

Tout moun, ann di ansanm Matye 28:19-20. Mwen gentan ekri l' pou nou.

Kounya Jan, mwen vle ou vin chita bò kote mwen. Vire do ba nou yon fason pou w' pa wè vèsè yo. Nou pral repete vèsè yo ankò- Sou mo ke moun nan chwazi an donk nou pap repete l epi n'ap frape men nou. Sofia, vini chwazi yon mo ke ou vle nou frape men nou sou li.

Jan, Di nou ki mo nou sote a epi nou frape men nou pou li a.

PWOFESÈ A: fè jwèt sa a plizyè fwa ak timoun ou yo jiskaske yo kenbe Matye 28:19-20 an pa kè.

DIEGO: Bon travay tout moun! Antanke manm Legliz Nazareyen, Nou sipoze fè disip pou Jezi tout kote nou ale. Travay 1:8 di:

Men, lè Sentespri a va desann sou nou, n'a resevwa yon pouvwa. Lè sa a, n'a sèvi m temwen nan Jerizalèm, nan tout peyi Jide ak nan tout peyi Samari, jouk nan denyè bout latè.

- Nan Jerizalèm- pale bon zanmi nou yo ak manm fanmi nou yo.

- Nan Jide- pale vwazen nou yo.

- Nan Samari- Menm pale moun ke ou pa gen abitid avèk yo, oubyen moun ki pa menm jan avèk nou yo.

- Jouk dènye bout latè a- Bon nouvèl la se pou tout moun!

- Di tout moun jan Bondye ye – konsa y'ap konnen verite.

- Ansenye moun ki kwè deja yo- yon fason pou yo ka swiv Jezi pi byen.

Antanke Kretyen, lavi nou ak pawòl nou pral moutre lòt moun lanmou Bondye epi chanjman ke li fè nan vi nou.

JUAN: Kòman nou ka konnen si Bondye rele nou pou yon misyon parèy?

DIEGO: Menm jan nan Bib la, te gen yon nèg ki te rele Samyèl ke Bondye te rele nenpòt twa fwa. (Ann nou li sa nan Bib la nan 1 Samyèl 3:1-11.)

Bondye gendwa pa rele ou pa non ou , jan ke li te fè sa pou Samyèl la. Men Lespri Sen an ka pale nan kè ou.

ANA:

- Eske nou santi yon gran dezi pou ansenye moun de Bondye?

- Toujou rete nan aktivite nan legliz ou a. (Se yon bon antrenman!)

- Pale ak Pastè ou a sou apèl sa a!

*Lè Bondye rele ou, ou dwe prepare!

Fè jefò pou ou ka resevwa lwanj nan men Bondye tankou yon travayè ki pa wont travay li fè, yon travayè ki fè konnen pawòl verite Bondye a jan l' ye a. (2 Timote 2:15)

*Plis ou prepare tèt ou byen jodia , plis w'ap itil Bondye demen.

*Ou dwe prepare tèt ou jodia avèk tout antrenman ak edikasyon ke ou bezwen pou ke ou sèvi Bondye.

*Lèw fini grandi ase, pale ak pastè ou pou ou ka ale nan Lekòl Biblik Nazareyen ki nan zòn ou an.

* Si ou wè Bondye rele ou pou sèvi li, pale ak pastè ou de apèl sa. Li ka pase tan avèk ou, pou li wè responsablite ou ak devouman ou nan ministè ke ou santi ou gen apèl pou li a. Konsa pastè a ka kenbe kontak ak sirentandan kanton an oubyen dirijan Ministè ki nan lokalite ou yo, patisipe de plis an plis nan eksperyans nan ministè.

PASTÈ J: Mwen vrèman kontan konnen sa nou te aprann yo timoun yo. Nou te vrèman aprann anpil!

Ranpli espas ki vid yo, oke timoun yo?

(Pwofesè – Ou ka bay timoun yo Mo sa yo pou yo itize pou ranpli espas vid yo kote pastè J ap pale de Legliz Nazareyen an: Nazareyen,Sen, Kretyen, Sali,Kominyon, Rejyon Mezoamerik, Bondye)

Mwen ka wè ke nou aprann ke Legliz Nazareyen se yon fanmi plizyè kwayan nan Jezi Kris _____ a.

Manm Legliz Nazareyen renmen Bib yo e y'ap swiv Liv yo a.

Nazareyen yo ap travay pou viv yon vi kis _____.

Nazareyen yo ap travay pou pale lòt moun de Jezi atravè mouvman misyonè.

Nazareyen yo mete aksan sou edikasyon _____ yo!

Nazareyen yo konprann ke Bondye se yon moun an twa pèsòn; Bondye papa a, Bondye pitit la, ak Bondye Lespri Sen an.

Nazareyen yo ansenye sou _____ - Lè ou delivere e padone de pinisyon peche ou yo epi aksepte Jezi pou lavi ou ka byen mache.

Nazareyen yo ansenye nou youn lòt pou nou viv yon vi ki antyèman sanktifye pou sèvi Bondye ak fason nou dwe sèvi l'.

Nazareyen yo pratike sakreman legliz la- ki se batèm ak Manje repa Senyè a (_____ sen an).

Nou kwè ke moun yo chwazi kote yo pral pase letènite yo - nan syèl la oubyen nan lanfè, si yo pa aksepte Jezi kòm sovè peche yo.

Legliz Nazareyen te kòmanse nan yon kote,TX - epi kounya li gaye nan tout mond lan-spesyalman nan _____ la.

Nazareyen yo kwè ke djòb yo se pou yo sove, priye, ak renmen sèvitè Bondye yo.

Nazareyen yo obeyi _____; priye, li Bib yo, swiv 10 Kòmandman yo, e fè disip tout kote yo pase!

ALE NAZAREYEN!

AL SIMAYE LEVANJIL LA

PASTÈ J: Donk, kiyès ki vle vin yon manm legliz Nazareyen?

TIMOUN YO: Mwen vle! Mwen vle!

PASTÈ J: Banm li kondwit manm la nan livrè a pou nou konsa nou ap konnen ak kisa pou nou atann pandan sèvis manm la lòt Dimanch. Fè si ke nou envite zanmi nou yo ak fanmi nou pou vini legliz la pou yo ka wè ou k'ap rejwenn legliz Nazareyen an.

LIVRE 801.

KOMAN POU NOU RESEVWA NOUVO MANM YO

Nouvo manm lan dwe vin devan otèl legliz la, pastè a dwe adrese yo konsa:

BYENNEME MWEN: Privilèj ak benediksyon ki fè nou reyini ansanm nan legliz Jezi-Kris la sakre e presye anpil. Genyen kèk amitye sakre ke nou pa ka pa konnen. Ou ka bezwen èd yon frè, swen oubyen yon avoka e se sèl legliz la sèlman ou ka jwenn li.

Genyen pastè yo ki la pou ede moun ak ansènyeman pawòl la; ak èd ke y'ap jwenn nan adorasyon yo. E gen sèvis ki mande tèt ansanm pou ke li fèt. Doktrin esansyèl nan legliz la pou kretyen an brèf.

Nou kwè nan Bondye papa a, pitit la, ak Lespri sen an. Nou aksantye espesyalman sou divinite Jezi-Kris ak pèsonalite Lespri Sen an.

Nou kwè ke lèzòm fèt nan peche; e ke yo bezwen travay Kris la ki se padon ak nouvèl ke Lespri Sen an bay la; ki ba nou yon gran netwayaj nan kè nou oubyen yon sanktifikasyon a sanpousan lè Lespri Sen an ranpli nou, e pou chak travay Lespri Sen an fè gen yon temwen

Nou kwè ke Bondye nou an gen pou retounen, sa ki mouri yo ap leve vivan, e tout moun dwe al nan denyè jijman an ak rekonpans li e pinisyon li.

Eske ou kwè nan verite sa yo? MWEN KWÈ!

Eske ou rekonèt Jezi Kris kòm sovè pèsonèl ou , epi eske ou reyalize ke li sove ou kounya? MWEN REKONÈT SA EPI MWEN REYALIZE SA!

Nou gen dezi pou nou ini ak legliz Nazareyen, men eske nou dakò bay tèt nou nan tèt ansanm pou travay Bondye a, jan kontra a mande pou kretyen an bay li a epi jan legliz Nazareyen mande l' la? Eske w' pral fè efò nan tout fason pou nou glorifye Bondye, nan bon mach nou, nan sa n'ap di, nan sèvis yo ;nan fason w'ap entèprete pawòl la; nan fason ke nou konprann gras la; epi jan nou ap elwanye nou de tout sa ki soti nan djab, eske nou pral chache yon kè ki pi sen ak yon vi ki pi sen nan krentif nou pou senyè a? WI NOU PRAL FÈ SA!

Pastè dwe di :

Mwen di nou byenvini nan legliz sa a, nan amitye, responsablite, ak privilèj sakre li. Ke mèt legliz la beni nou e kenbe nou, epi fè nou fidèl nan tout bon travay, ke lavi ou ak temwen ou gen pou fè pou mennen moun bay Kris la grandi.

Sa se yon gran plezi pou mwen devan tout legliz la pou mwen swete nou byenvini antanke manm legliz la. Nou kwè ke n'ap yon sous ankourajman ak fòs pou ou, e konsa anretou, w'ap yon sous benediksyon ak èd pou nou . Ke Bondye pa janm sispann beni nou nan Sali pou nanm nou e pou avansman wayòm li an.

PASTÈ J: Nou pap pran anpil tan pou nou ba ou yon sètifika manm ki pral fè nou toujou sonje sa nou te aprann yo ak angajman ou pran jodia ak legliz Nazareyen ano.

(PWOFESÈ A - Sètifika manm sa yo dwe soti nan men koòdonatè Rejyon Mezoamerik ou a.)

ANA: Mwen vrèman fyè de nou. Mèsi paske nou pran desizyon sa a. Sa a se pi bon desizyon ke ou te ka pran vin yon manm Legliz Nazareyen.

DIEGO: Nou kwè ke ou gen pou w' yon dirijan nan legliz nou yo, distri nou yo, nan rejyon mezoamerik la, oubyen sirentandan legliz nou nan tout mond lan nèt, ALE NAZAREYEN!

VALÈ IMAJ KOUVÈTI DEVAN YO:

Anthony Ochieng - laj 11,
Gwaipyana Ng'ang'a - laj 9,
y Allan Otieno - laj 10.

VALÈ IMAJ KOUVÈTI DÈYÈ YO

Legliz Nazareyen Tarime Klas Lekòldidimanch, Tanzanya.

Nazarene Children for Christ Ministries
P.O.Box 20025 0025
Nairobi, Kenya

www.ingramcontent.com/pod-product-compliance
Lightning Source LLC
Chambersburg PA
CBHW081241020426

42331CB00013B/3250